可以

群運算的易經

當牛頓遇到周公

趙世晃／著

作者序

2023-1-10

　　我是一個外科醫生，執業超過四十年，對生命科學與醫學、醫院經營，外科學有一定的涉獵。我從大一就開始閱讀易經，至今我學易近五十年，比我的醫學更久。醫學與易學，可以說是我人生的兩大學習，它們相輔相成，帶給我豐富的人生智慧。

　　這十年來我對易學的研究與傳播更賣力，前後寫了《心易相通：當心經愛上易經》、《易經說減重很簡單》、《易經說養生先養心》、《如詩如畫的易經：讓易經來幫我們寫詩》四本有關易學的書，還在臉書社群寫了十年的易經文章，加起來應該超過一百萬字。由醫轉易的原因是我年歲漸長，已經屆退休的年紀，而醫學最後的祕境是心靈與智慧，正是易學的專精與核心，如此我自然把興趣轉向易學。以後會用更多的時間來著作，傳播易學智慧，就當是我退休前後最重要的工作了。

　　易經是一部偉大的符號學，就像數學的123，或英文的abc，是用來方便記錄心中的想法，甚至去運算它們，去作演進、重組、解構、比較、歸類的操作。

　　易經有六十四卦，分別是八卦的自乘8x8=64所得出的。而八卦的組成天、地、雷、水、山、風、火、澤的符號分別是由三次陰或陽爻所組成，如果由下而上用0與1代表陰與陽爻，則八卦的符號為天111，地000，雷100，水010，山001，風011，火101，澤110，它各有代表的意義（請參考〈淺談八卦的隱喻與養生智慧〉）。

把八卦化作有意義的符號是五千年前的伏犧氏，再把六十四卦命名完整的是周文王，然後周公幫每個卦加上六個爻詞，孔子則作了十疏來解釋它們的象徵意義，像乾卦代表天道的自強不息，坤卦代表地道的厚德載物。所以傳統的易經是一部合著，前後約三千年的發展。

　　從簡單的0與1到複雜的智慧道德，易經一路走來也很坎坷，幾千年來多少賢德智者研究它，都在挖掘它的祕密，也多有論述心得。有人學易把它當作問卜算命之術，有人拿來看風水，也有人當作人生的智慧明燈。而我發現易經的內容結構與理解方法，可以用數學的群運算來幫忙。譬如1**1=0，1**0=1，0**1=1，0**0=0。也就是陽陽得陰，陽陰得陽，陰陰得陰，凡是與陽爻碰撞的就要變爻，與陰爻碰撞的不用變。而每個卦都有六爻，所以卦與卦的碰撞要作六次的運算。

　　舉例說，乾卦111111與泰卦111000碰撞，就產生了000111的否卦。而（乾、泰、否）三卦就組成了一個可以三角運算的群組，乾**泰=否，泰**否=乾，否**乾=泰，泰**乾=否，乾**否=泰，否**泰=乾。

　　每一組三卦的運算群都有六種排列，它的含義很豐富，各有美妙的邏輯。舉其一，乾是抗逆，泰順與否境相抗逆。舉其二，乾是飛龍般的大能力，可以創造泰順的境界，也可以渡過嚴冬的挑戰。舉其三，乾是肯定自己，泰是最大的交換，肯定自己的交換就是否定這個世界。舉其四，母親對小成吉斯汗說，英雄要學嚴冬的孢子，乖乖地冬眠，然後變成百花的春天。小成吉斯汗終於願意入眠，醒來時他已是一個可汗。舉其五，受過跨下之辱的韓信總是設想著項羽心中最有利的戰法，最後他戰勝項羽，贏在他無所不在的交換心。舉其六，洪七公對楊過說，潛龍勿用的掌法勝過飛龍在天，楊過問為什麼，洪七公答，最厲害的武功是潛藏讓人不知，一旦讓人知道，就有破解的方

法，就不是最厲害的武功。楊過點頭說：將相本無種，被否定的人生可以活出王者的壯志，能潛藏人間的神仙才會得到永世的崇拜。以上這種易卦的邏輯練習，幫我對易經的理解達到一個美妙的高度，如詩如畫。

群運算的應用產生了651組如上的三角運算群，每一組群都藏著易卦的綜合智慧，我花了五年的時間把它們研究到一個說得通的地步，便開始寫這本書。它在易學上是一個創新，因爲它帶領易學研究離開訓詁的深谷，進到一個群運算的高度。它告訴我們一個驚人的發現，**每個卦都可以分解成兩個相碰撞的卦，每兩個相碰撞的卦也可以產生一個新的卦**，就像化學反應式：A**B=C。碰撞對學習與理解卦意的幫忙是空前的，因爲對每個卦的理解，都有對應的31組碰撞後的運算群來幫忙，也就是說要理解一個卦，我們有31種角度去思考。經過這樣的練習，我們把易卦的理解推到了一個數學運算的高度，更精確，更靈活，更客觀，更能穿透時空的限制，爲將來連結人工智能與自然語言的運算研究作好準備，一個等待三千年的準備。

卦的符號是0與1，與電腦程式一樣，卦的意義寫在易經上已經三千年了，01可以運算，卦意也可以，這本書向讀者展示了它的可能，所以語言後頭的心靈與智慧也可以運算，這是人工智慧遲早要突破的任務。

這本書不適合初學易經的人看，但適合對易學有高度興趣與研究的人看。或說，它是寫給下一代的易學者看，給人工智能研究者看，給語言語意運算家，給數學家們看。所以如果讀者發現它很難懂，是正常的，但不要罵我，畢竟這是我學易五十年後的作品，是寫給未來的易經研究。但它是珍貴的，如果你精研它而有所收穫，這是我可以保證的，我要恭喜你，因爲你的易學造詣是令人敬畏的。

很感恩祖先留給我這部易經，我把卦意的數學運算作了初淺的示範，希望可以拋磚引玉，激發更多易經與人工智能研究者的興趣，爲易學智慧的發揚光大，傳一盞啟益的心燈。

目錄CONTENTS

易經的群運算

2022-8-12

　　易經是一種符號系統，組成的元素主要有二，一陰一陽，我用0代表陰，用1代表陽，如此我可以把0與1放在一個群中，並且作群運算的規定如下：

**	0	1
0	0	1
1	1	0

　　代表卦與卦的碰撞。最需要注意的是11的結果是0，陽陽得陰，負負得正的意思。這也符合祖先的設計，因為易經的陰爻本來就是兩個分開的陽爻。

　　如此的運算用在八卦，會有如下的結果：

**	000地	001山	010水	011風	100雷	101火	110澤	111天
000地	000地	001山	010水	011風	100雷	101火	110澤	111天
001山	001山	000地	011風	010水	101火	100雷	111天	110澤
010水	010水	011風	000地	001山	110澤	111天	100雷	101火
011風	011風	010水	001山	000地	111天	110澤	101火	100雷
100雷	100雷	101火	110澤	111夾	000地	001山	010水	011風
101火	101火	100雷	111天	110澤	001山	000地	011風	010水
110澤	110澤	111天	100雷	101火	010水	011風	000地	001山
111天	111天	110澤	101火	100雷	011風	010水	001山	000地

這個結果是一個交換群的運算，也就是說A**B=B**A。如果把000地卦的特性拉出來，就是地卦與任何卦的碰撞後都不會改變：假設A為任何卦，則A**000（地）=A。還有，任何卦的自我碰撞也是地卦：卽A**A=000地。摒除000地卦以外的組合，其實上表的64種運算結果可以簡約成7種組合：卽111**100=011，簡記爲（天、雷、風），111**101=010（天、火、水），111**110=001（天、澤、山），101**110=011（火、澤、風），100**010=110（雷、水、澤），100**001=101（雷、山、火），010**001=011（水、山、風）。是數學的組合問題，7*6/3*2*1=7。以此類推，用在64卦的碰撞運算，可以得到63*62/3*2*1=651個組合。

　　舉個例子，乾卦111111可以用復卦100000與姤卦011111來組成，也可用010000師卦與101111同人卦來組成，其它還有001000謙卦與110111履卦，000100豫卦與111011小畜卦，000010比卦與111101大有卦，000001剝卦與111110夬卦，110000臨卦與001111遯卦，……共31種組合。這31種組合，在易經上稱爲相錯卦，每卦的爻都是陰陽相反。

　　相錯的兩卦的碰撞都是乾卦，這在卦意的解釋上是有道理可講的。如復卦100000講還原與休復，姤卦011111講相遇相合，兩卦的意涵產生極端的反差，講還原就不再遇合，遇合了就不再還原的反差。師卦010000與同人卦101111也相錯，師卦的聚衆作戰與同人卦的天下大同也是最大的反差。由此可知乾卦是一個講最大反差的卦，要有違抗的心志，不屈不撓，最後突破困境，飛龍在天。

　　以此理推演，經過兩卦碰撞而產生的新卦組成的651種組合，都有一種卦意的連結。或是反方向來說，每個卦都可分解成兩個不同卦的碰撞，都可一生二地產生3合1組合。舉個例子，臨卦110000與觀

卦000011相撞得110011中孚卦，三卦合一的組合，在卦意上可以連結，譬如：台上的表演者與台下的觀眾產生了同心互動，心與心融合一片。又如剝卦000001與夬卦111110的相撞得乾111111卦，三卦的卦意可以連結成一句話：天道總是在最後的結束與最初的開始間合一，一次的剝壞可以啟動一萬次的夬始，一次的啟動同時開啟了一萬種剝壞。如此逐一練習，如詩如畫的易經就開始展現在我們眼前。

這種練習對學易的幫助很大，因為運算本身是數理的，它不會錯，所以可以精確勾對我們對易卦的理解，如果解不出一個滿意的卦意連結，就代表我們的卦意理解有誤，如此可以修正我們平常自以為是的易卦心得。用運算來幫助卦意的精確性，也用運算來發現易卦的新境界，真是令人驚艷的學易旅行。

我個人進行這種練習已經有五年了，才開始寫這本如詩如畫的易經，果然寫來得心應手，勢如破竹。我鼓勵讀者也要勇於嘗試，一邊可以精確學易，一邊可以作自己人生的詩人畫家，把生活加入如詩如畫的美麗。

瞬間讀懂易經

您若問我：「易經在說什麼？一句話。」

我會回答：「易經在說交換與對稱。」

我的答案很簡單，您瞬間就會懂，所以我說您可以瞬間讀懂易經。

我們沒有理由讓周公再沉睡三千年，這部中華文化最古老、最醉人的經典，隱藏著宇宙人生巨大的智慧，或許是因為古文的簡約幽微，過去是一片「霧山迷海」，今天我們就用「交換與對稱」來喚醒它們，用六十四個淺顯的故事來擁抱它們，從此讓我們在易經的智慧裡「心易相通」。

易經講什麼交換、什麼對稱呢？講天與地、陰與陽、剛與柔、內與外、有與無、色與空、動與靜、分與合、信與疑、明與暗、水與火、出與入、是與非、吉與凶……各式各樣的交換與對稱。

初學者很容易被易經的古文嚇著，我們不是被嚇大的，我們可以用現代化的翻譯，很簡單地點中它們的核心意義，教它們無所遁形。首先，我們要抓住「交換與對稱」這個心法，把六十四個卦變成一對一對，共有三十二對。每一對卦彼此相對稱，我們稱之相綜或相錯（把卦轉180度叫相綜，把陰陽交換叫相錯）。它們一對一對地在說什麼事呢？讓我很快地為您整理一次。

如下表所示，把六十四卦加以配對後，原本可以獨立產生意義的一卦，變成與它的配對卦互依互存，共同經營起同一件意義。很像在鏡子內外的兩個相，一實一虛，彼此可以交換對稱，虛實都是同一

件事，同一件物，同一個人，同一顆心。好比有一次我考了試，得了八十分，母親說：「好高！」父親說：「好低！」我說：「高或低，都是一種分數。」所以「分數」統合了「高低」兩件事。三十二對卦各有其統合的意理。

天、地：剛柔	屯、蒙：剛動智出	需、訟：力分	師、比：用群
小畜、履：取捨	泰、否：交換	同人、大有：同異	謙、豫：高低眾我
隨、蠱：順逆	臨、觀：出入	噬嗑、賁：真善美	剝、復：終始
無妄、大畜：無常	頤、大過：慧命	坎、離：斷續	咸、恆：短長

遯、大壯：退進	晉、明夷：明暗	家人、睽：分合	蹇、解：敵友
損、益：加減	夬、姤：滅生	萃、升：聚散	困、井：圍通
革、鼎：破立	震、艮：熱冷	漸、歸妹：嫁娶	豐旅：光明動靜
巽兌：入出	渙節：平衡	中孚小過：虛實	既濟未濟：圓缺

自「天」卦的至剛開始，對稱「地」卦的至柔。除了無限的極端，萬物一般都可在剛柔之間找到一個定位。「屯」卦開始了剛柔的交換，是「剛」開始在「柔」中行動，智慧在疑問中流動，卦義開始清除「蒙」蔽。「需」卦是相吸的力量，「訟」卦是相斥的力量，可是萬般的力量無法絕對相吸或相斥，萬有引力也不行，這是量子世界

的信念，力只在相吸或相斥間存在。「師」卦教人如何用紀律練兵，「比」卦教人如何用外交結盟，這是人類利用群居的優勢戰勝異類的法則。「小畜」卦講機遇，與天機相遇，「履」卦講選擇，天的選擇，人的選擇加上天的選擇，造就了我們今天的樣子。「泰」卦是至剛與至柔的交換，因為有了最大的交換，所以得到最大的通泰，反之就是「否」，所以易經的核心價值是「交換」。「同人」卦講大同，尋求最大的相同，讓世界擁有一個「共同心靈」；「大有」是很大的不同，百花齊放，萬紫千紅，而同異之間就是1與N的道理，N變成1是同人，1變成N是大有。「謙」卦講我低眾高，很辛苦，「豫」卦講我高眾低，很快樂，可是在這顛倒世界裡事情往往相反，快樂往往是因為心情的謙下，辛苦往往因為自視過高。

　　「隨」卦說順著誘因前進，用模仿保護自己，「蠱」卦說一關又一關地挑戰，止於至善，我們的心永遠在順逆之間移動。「臨」卦說在台上盡情演出，「觀」卦說在台下安靜觀想，每個人都有兩個世界，一個在台上，一個在台下，缺一不可。「噬嗑」卦用改錯治病的方法前進，「賁」卦用包裝文飾的方法增益美麗，直到返璞歸真，這是追求真善美的兩面手法。「剝」卦說有一種至善的到達，「復」卦說有一種歸零的開始，兩卦的終始循環把智慧化成一個沒有前後的圓。「無妄」說不要和未來講道理，「大畜」說要向過去學習，用最大的保險來應對最無常的風險。「頤」卦說有一種生命鏈，在養與被養間形成一個大圈，「大過」卦說有一種生命空前絕後，唯我獨尊。不論活在生命鏈中還是在自己的唯一，我們都在探索自己的慧命。「坎」卦說當「剛」與「剛」彼此交錯，像十字路口，互相切斷對方的路，我們要學習對方的困難，才能維持路口的通行；「離」卦說我們需要把文明分割，像細胞分裂，才能繁衍傳承，兩者在探討「斷」與「續」的互為因果。「咸」

卦說感性發生在剎那間，「恆」卦說累積剎那才有永恆，所以時間的短長不過是眞理經過微分與積分的不同面貌。

「遯」卦用後退來收割成果，「大壯」卦用正大前進，其實進退只是過程，和勝敗無關。「晉」卦用明來昭顯暗，「明夷」卦用暗來保護明，其實明暗是相依存的。「家人」卦用組合來美麗，「睽」卦用分辨來美麗，智慧就是分合同異的應用。「蹇」卦承擔困難，「解」卦解除怨恨，有人能愛他的敵人，有人會恨自己的朋友，心往往在難易間來回徘徊。「損」卦用減法修身，「益」卦用加法助人，德行在加減中累積。「夬」卦講除惡務盡，「姤」卦講溫柔共生，相滅相生，是柔在剛中的輪迴。「萃」卦講聚衆而結晶，「升」卦講升華而歸無，這是熱力學中秩序與混亂的循環。「困」卦用界線把自己圍困，「井」卦用通路把自己救出，界線與通路，都是生命的必需。

「革」卦講文明的破壞與改變，「鼎」卦講從許多的「也許、如果」建立文明，文明的演進正是由不停的破與立來推動。「震」卦講熱情共鳴，「艮」卦講冷默相安，宇宙就在熱冷之間運作。「漸」卦講物種演進、登陸過程中安定與冒險的循環，「歸妹」卦講公主出嫁時用割捨來行動，進化或退化如同人生的嫁娶，是一種磨合過程。「豐」卦講光明的擴大，「旅」卦講用安靜尋找光明，生命在每一種動靜中尋找其專屬的光明。「巽」卦講吞忍命運的挑戰，「兌」卦講給生命最大的輸出，生命像肺葉的呼吸一樣，不停地吞吐。「渙」卦用擴散時空來遠離痛苦，「節」卦用分割時空來渡過痛苦，而痛苦的對面就是快樂。「中孚」卦講信仰是虛的但可以致遠，「小過」卦講細節是實的，不宜好高騖遠，心智在虛實中尋找完美。「既濟」卦講圓滿，「未濟」卦講不足，心對每一件事都有兩種認知。

因爲交換，所以對稱，因爲對稱，所以交換，易經就是說這個。

淺談八卦的隱喻與養生智慧

2022-8-12

　　易經是由八卦組成的，八卦分別是天、地、雷、水、山、風、火、澤，它的古字意分別是乾、坤、震、坎、艮、巽、離、兌。相傳五千年前伏羲氏所定下來的名稱，目的是創建一套符號來記錄心中的感想。他用三個陽爻1或陰爻0組成的八卦來代表萬物萬事的分類。

　　天是最剛健的，所以用三個陽爻111代表，地是最順服的，所以用三個陰爻000代表。當雷打到地面，代表天與地的初交，是天神的腳踏上了大地，所以用100代表。而河水流過了平原，切開了兩岸，形成了坎陷，就用010代表。而山是高高隆起的地，是地的高頂到了天，所以用001代表。相對的，風是沒有了腳的天，所以用011代表。火是讓眼睛看見世界的光，所以是讓心與世界相通的窗，就用101代表。最後，澤是層次分明的水，也是水下有諸多的生命，所以用110來代表。

　　八卦的名稱與意義定下來後，人類應該很高興，原來天地萬物是可以用符號分類的，於是八卦的延伸意義便開始演化。天是神與龍住的地方，所以天代表我們的主人，國王，領導，有大能力的人，英雄，強健的力量。地是供我們蓋房子、種植、旅行的大地，像母親一樣養育我們，像馬一樣順服溫柔，代表廣大的、柔順的、臣服的、眾生的。雷是閃電般的快、是春天的、新生的、開創的、積極的、熱情的、衝動的、加速的。水是阻隔的、危險的、困難的、交錯的、居中的、像鳥一樣身體在中兩翅在外的。山是高的、靜止的、安定的、慢

的、邊界的、最外圍的、減速的，像我們的角、屋頂、帽子、床、或是樹梢的果實。風是漂浮的、不安的、無形的、上升的、像樹木會長高的，也是陽對陰的接納，是組合的、歡迎的、加法的、容忍的、混亂的。火是光明的、相通的、同意的、美麗的、看得見的，相信的，對稱的，平衡的，調和的。澤是分開的、沉澱的、秩序的、密集的、減法的、釋放的、表達的、割捨的、選擇的。

利用八卦的類比，八卦幫助先古人類很大的忙，讓心智對事物的理解有了對稱性的分類，分類之後還有很簡明的符號幫忙記錄。把世界八卦化，智慧的進化就加速了，因為可以看出事物的同異，本身就是智慧，對養生很重要的智慧。分別老虎與小鹿的不同有生死存亡的重要性，化同火的光明與誠信的美麗，則能創建共榮的文明。分異與化同，正是智慧的根本，也是養生的必要。

天卦的養生智慧是強健的意志，是領導的智能，是把自己變強的想法，也是一隻龍練習飛天的努力。地卦的養生智慧是柔順的願意，是服務的心，是用愛把對方保護、養育、包容起來，是犧牲時的滿足，奉獻時的快樂。雷卦的養生智慧是精猛的前進，用熱情征服世界的冰冷，用新生換掉嚴冬的死亡，用勇氣打開嶄新的世界。水卦的養生智慧是垂直的管理，是居中的堅持，左右的猶疑，看到不清楚時的發問，在十字路口學習四通八達的交通，在危險旁邊建立最安全的城池。山卦的養生智慧是安定的靜止，是修身齊家治國平天下，是獨立於孤高，是認識自己的本分，是替萬物定下適當的名。風卦的養生智慧是容忍的彈性，輕鬆與逍遙，是散播與稀釋，是假想與升華，是向神的禱告，是擁抱與歡迎，是加法與幫助，是累積與靈感。火卦的養生智慧是將心比心，是靈通的心，是相信美麗，是平衡的對稱，是滿足與調和。澤卦的養生智慧是分開善惡，是選擇安全的路，是建立相

隨的秩序，是密集後的精巧，是最快的果決，是演出與分享，是用減法來簡單。

　　把八卦記熟了，對學易經有很大的幫助。用養生來記住八卦，也是一種學易的方法。把心裝進八卦的能量，養生變得更有力氣！請讚美一下學會八卦的自己吧！

1. 剝盡而生（剝=000001）

時間不停地消失也不停地再生

萬物與智慧都不停地去舊換新

歲月剝盡了人就往生　生到冥界或下個輪迴

都是剝盡而生

剝壞其實生意盎然　像破繭而出的蝴蝶　羽化登仙的得道者

1. 剝卦是離坤卦（000000）最近的一卦

　剝卦的重複就是空無的坤（剝000001+剝000001=坤000000）

2. 比是類比對比　觀是觀想的總和

　比剝而觀生　親比的心走到盡頭就是遠觀的開始

　觀剝而比生　觀想的無邊無界結束後就是一統的比盟（比

000010+觀000011）

3. 豫是浮動躁動　晉是知識與標準答案

   豫剝則晉生　當心不再浮動標準就出現

   晉剝則豫生　當標準老舊了　浮動就出現（豫000100+晉000101）

4. 萃是聚實結晶　否是絕境與否定

   萃剝則否生　當心不再聚精會神則否定的情境會出現

   否剝則萃生　當心不再否定時便開始聚精會神（萃000110+否000111）

5. 謙是與眾生平均　艮是獨立而相安

   在數學上謙是可以被N整除的非質數　而艮是質數　所以兩者互剝

   謙剝而艮生　謙心剝盡了獨立絕情便生出

   艮剝而謙生　艮絕剝盡了謙心便出現（謙001000+艮001001）

6. 蹇是險阻的大河　漸是浸潤漸演的水墨

   蹇剝則漸生　當水的阻擋剝盡壞了便開始它的浸潤發展

   漸剝則蹇生　當水不再溫柔浸潤它便開始包圍阻擋（蹇001010+漸001011）

7. 小過是最小的前進與細節　旅是計劃遠行的一生

   小過剝則旅生　當不再耐心注意細節　心便開始漂流遠方

   旅剝則小過生　當不再計劃遠行　心便開始留意細節（小過001100+旅001101）

8. 咸是細微的感性　遯是退後與隱藏

   咸剝則遯生　當感性剝壞了生命便開始退化遺忘

   遯剝則咸生　當生命不再隱藏自己便開始恢復感性（咸001110+

遯001111）

9. 師是作戰訓練　蒙是隱約不清

一師剝萬蒙　唯一的律令軍法剝盡了所有的隱約不清

一蒙剝萬師　一種蒙昧剝壞了所有的紀律訓練（師010000+蒙010001）

10. 坎是交錯的十字路口　渙是擴散的水氣逍遙的雲

坎剝則渙生　離開交結的困局則重回逍遙的飛翔

渙剝則坎生　失去逍遙心則重回交結的困局（坎010010+渙010011）

11. 解是理解諒解　未濟是不足與不滿

解剝則未濟　失去了理解則生不滿

未濟剝則解　剝去不滿的外衣則看見理解的真身（解010100+未濟010101）

12. 困是守在界線之內　訟是不斷排斥膨脹的萬物

困剝則訟生　守困的心壞了則相訟的心便出現

訟剝則困生　剝去相訟的心便生知困安困的心

在數學上訟是相矛盾的命題　困是自足的運算群　兩者相剝（困010110+訟010111）

13. 升是升階與離開實地　蠱是賽局的對奕

升剝則蠱生　升階的盡頭就是賽局的盟主

蠱剝則升　賽局的消失就是心升華至無賽無勝負（升011000+蠱011001）

14. 井是通路與分享　巽是寬容與鬆柔

井剝則巽　供水的井到了極致是隨便誰都可以分享的雲端通路

巽剝則井　作什麼都可以的閒散自剝後便是挖一口可以養生的井

（井011010＋巽011011）

15. 恆是守常　鼎是創新　兩者互剝（恆011100＋鼎011101）

16. 大過是唯我獨尊　姤是遇合共生　剝是兩者的界面（大過011110＋姤011111）

17. 復是希望長生不死的自己　頤是緩緩輪轉的大生命鏈
復剝則頤　剝去長生不死的妄想　就得大活慧命的頤養　反之亦然（復100000＋頤100001）

18. 屯是平衡的動靜與盤旋的天體　益是幫忙與感恩的來回
屯剝則益　離開平衡與自旋的狀態便開始幫忙與感恩的狀態　反之亦然（屯100010＋益100011）

19. 震是共鳴與波動　噬嗑是修錯與導正
震剝則噬　共鳴心剝失便開始修正的心
噬剝則震　修正到盡頭便生共鳴之心（震100100＋噬100101）

20. 隨是有秩序的數列　無妄無秩序的亂數　剝是兩者的界面（隨100110＋無妄100111）

21. 明夷是藏形於無形　賁是定形與美其形　兩者相剝（明夷101000＋賁101001）

22. 家人是組合GROUPING　既濟是調和與配對成功MATCHING
剝是兩者的極致與微調　上帝用剝微調兩位天使的法力（既濟101010＋家人101011）

23. 豐是放大自己　離是複製自己
豐是不斷變大的1　離是無數原來的自己　兩者相剝（豐101100＋離101101）

24. 革是變形與破形　同人是化同變形的前後
剝是變形與化同的極致　是數學的拓璞學

也是異與同的最微小（革101110+同人101111）

25. 臨是君臨天下最重的存在感　損是讓出舞台空間與簡化的心
　　臨剝則損　剝去臨台的壓力則重拾身心的輕簡
　　損剝則臨　簡化的心到了盡頭是明心淨性的臨（臨110000+損
　　110001）

26. 節是縮短與分節後的無限循環　中孚是同心後無遠弗屆的互信
　　當節點與段落同心　就是普天同慶　人神共歡的盛世佳節（節
　　110010+中孚110011=剝000001）

27. 歸妹是終歸於一　睽是終分為二　兩者互剝（歸妹110100+睽
　　110101）

28. 兌是誠心相談　履是獨擇大道
　　兌剝則履　相談得到最終結論便是慎擇獨履
　　履剝則兌　獨履的最終點是心與神的對談（兌110110+履
　　110111）

29. 泰是最熱絡的交換　大畜是最久的積富
　　剝也可以用積　一如累積了不食的結果就是最大的碩果（碩果不
　　食）
　　累積了歲月智慧就是德高望重的耆老（君子得輿）
　　累積了順泰的一生就是圓滿的結局　是最高的剝（泰111000+大
　　畜111001=剝000001）

30. 需是缺需的現況　小畜是不缺的開始
　　人生在需與小畜之間微剝　若渴若足（需111010+小畜111011）

31. 大壯是以壯進取　大有是以大容異
　　壯剝則大有　剝去壯取之心則生容異之懷
　　大有剝則大壯　剝去容異之心則生壯取之貪（大壯111100+大有

111101）

32. 夬是開創與動員　乾是百變的法力

夬剝則乾　夬與剝相錯　能無中生有　化有爲無　就是百變的魔法師（夬111110+乾111111）

2. 親比與統領（比=OOOO1O）

親比是一種萬物間的親和力
也是智慧間串連與類比的能力
是一種領導統合的能力　可以交朋友
可以結盟　組識共和甚至帝國

1. 剝是最靜寂的心　觀是觀想的五花八門
　修道者用靜寂的心統領眾多的觀想
　世人用教育把靜寂的心導向大觀之心（剝000001+觀000011）
2. 豫是自由順動　萃是凝聚而得位的結晶體

領導是安排萃體的位階並收服豫的無拘無束

而無爲而治的領導是在萃體下給個體最大的自由（豫000100+萃000110）

3. 晉是普世認同的標準　否是拒絕的心與否定的逆境

標竿領導用大晉收服拒絕的衆人

逆境學習則用否定來顛覆自負自滿的衆生（晉000101+否000111）

4. 謙是謙虛與兼愛　蹇是保護與阻隔

領袖的特質是謙愛的公平心與提供保護的能力（謙001000+蹇001010）

5. 艮是獨立而不雜交的物種　漸是演化中的萬物

獨立的條件導演著漸遠的演化　漸遠的演化導演更新的獨立（艮001001+漸001011）

6. 小過是細節的世界　咸是感性的覺知

注重細節帶領心領略多元的感性

而感性讓心願意注重細節（小過001100+咸001110）

7. 旅是行遠尋美　遯是退後收割

行旅之心帶領各種思退的計劃　行遠是比論中的隱藏自己

收割的心統領各種想像之旅（旅001101+遯001111）

8. 師是訓練作戰　比是和親結盟

師比兩卦相坎　不是相反　而是多維的求勝法

是兼重實力與外交的多維政治學（師010000+坎010010）

9. 蒙是模糊學　渙是自由主義

政治家要會用模糊與放任自由來統領大國（蒙010001+渙010011）

10. 解是百步穿楊的神射　困是滴水不漏的包圍
    精準打擊與斷絕後援是兵法　也是統御的政治學（解010100+困
    010110）

11. 未濟是不滿的現實與期待的未來　訟是相爭的利益與矛盾的理由
    政治是用不滿帶動相爭　利用矛盾期待未來（未濟010101+訟
    010111）

12. 升是升階與求更高　井是通路與養人的實力
    政治是給人升階的夢想　與養人的實力及人脈通路（升011000+
    井011010）

13. 蠱是淘汰的賽局　巽是寬鬆與容量
    領導學是創造賽局而不參加淘汰
    用最寬鬆的規則容納最多的參賽者（蠱011001+巽011011）

14. 恆是安定的常數　大過是不凡的極端值
    王者的特質兼有安定恆久與不凡出眾（恆011100+大過011110）

15. 鼎是創新營高　逅是共生慢活
    領導是用一首詩的高度安撫一千年的人心
    用一條高鐵的創建讓一島共命（鼎011101+逅011111）

16. 復是重新洗牌　屯是一生的盤旋
    同盟要能休復受傷的體制　要平衡動靜快慢的步伐
    要能盤旋利害之間　要適時重新洗牌
    北斗星的統御學是讓星體不停地互繞（復100000+屯100010）

17. 頤是大經濟圈　益是合作的體制
    統領者要兼顧經濟大局與互助合作的部會（頤100001+益
    100011）

18. 震是共鳴　隨是跟隨

統領者共鳴於民意　也樂於跟隨多數

但更常製造共鳴與震撼　也創造偶像跟隨（震100100+隨100110）

19. 噬嗑是對與錯的咀嚼　無妄是天意與人意的較量

精確地用刑修錯是盡人事的管理

慈悲看待犯錯的眾生是知天意的管理

最好的管理是知天意盡人事的管理（噬100101+無妄100111）

20. 明夷是孔子的管理學　讓人民無所知但有所由之

既濟是聖君的管理學　讓人民溫飽讓朝政水火調和

領導是養民所需　不養紛擾的真相與八卦（明夷101000+既濟101010）

21. 賁是定形與美化　家人是組合完美團隊

領導者知道　一張畫可以帶領一個畫派的興起

一千年的畫史只公推一張畫的止於至美

是既能組合團隊的能力加上可以說故事編說法的能力（賁101001+家人101011）

22. 豐是自我放大的光　革是隨時可變形的我

王者用豐大的光帶領民眾走向改革之路

革命家用改革帶領民族光榮的放大（豐101100+革101110）

23. 離是繁衍眾多　同人是化同你我

領導是親和力的繁衍與化敵為友的操作（離101101+同人101111）

24. 臨是君臨天下的表演　節是分節而接續的節目表

君王的兩個工作　一是占住唯一的權位　二是安排看不完的節目（臨110000+節110010）

25. 損是簡化的心　中孚是相信的心

　　簡化的管理導致堅定的相信

　　誠信的友誼簡化了管理的困難（損110001＋中孚1100）

26. 歸妹是歸一的結論　兌是對談後的共識

　　領導是無數的相談與不斷產生的結論與共識（歸妹110100＋兌
　　110110）

27. 睽是對立與分別　是耳目聰明　履是擇道而前

　　帶隊而行不是一個人的履　是眾人的履

　　所以要由最聰明的人帶頭　走最聰明的路（睽110101＋履
　　110111）

28. 泰是常勝的實力　需是常在的飢渴

　　領導不只展現自己不失敗的實力　還要激發大眾最大的飢渴（泰
　　111000＋需111010）

29. 大畜是積富　小畜是積小而突變

　　領導不能只靠錢多　還靠會質變的靈感

　　不只是朋友多　還要死士多與組織精良

　　不只是學問多　還要辦法多與反應敏捷（大畜111001＋小畜
　　111011）

30. 大壯是攻伐　夬是啟動

　　領導不只是攻城略地　還是開創新局

　　不只是理直氣壯　還是快如炸彈爆發（大壯111100＋夬111110）

31. 大有是萬有的帝國　乾是神龍般的能力

　　領導是帝國的創建　是無中變有的魔法

　　是群龍無首吉　是以人民為王　與神親比的萬有人生（大有
　　111101＋乾111111）

3. 大觀天地（觀=〇〇〇〇11）

大觀是一種特別的生命

不是可見的肉體與有限的歲月

而是一種心法　可以貫穿古今　無聲無影

遨遊宇宙　變換有無　化同天地　與神交談

是心智思考與無限想像的生命

1. 剝是生命的最高最靜　比是領導的最全面

　觀的生命用高與靜代替低與吵鬧

　是心智最高的統領　是指導生命行動與想法的中樞　也是只想不

作的無形心思（剝000001+比000010）

2. 豫是輕鬆　否是否定與逆境

   肉身的水深火熱可以用觀世界輕鬆渡過

   而輕浮的歡樂與深沉的觀想彼此否定（豫000100+否000111）

3. 晉是高照的知識　萃是聚實整齊的結晶

   觀有廣大知識的明亮　更有自己結晶的心得　是比一萬個太陽更亮的寶石（晉000101+萃000110）

4. 謙以高求低　漸以慢求進

   觀以上看下　以日累月　故能漸積其謙下而成大觀之海（謙001000+漸001011）

5. 艮是革絕獨立的山　蹇是阻絕保護的河

   觀的特質是艮而不擾　蹇而不欺　故可絕俗　而大觀的生命又是無法限制與隔絕的生命（艮001001+蹇001010）

6. 小過是細節中的水流　遯是隱藏的世界

   觀世界對別人是隱藏的　而對自己是心細如髮（小過001100+遯001111）

7. 旅是行遠而長　咸是感微而瞬

   觀是心的行遠　也是覺知的感微（旅001101+咸001110）

8. 師是養成的習慣　訓練出的紀律　渙是閒散的風雲

   觀的養成自有其慣性　也有其自由閒散的飄逸（師010000+渙010011）

9. 蒙是心模糊不清的本質　坎是交錯的困難

   觀是看清世界的心　所以觀與蒙相坎　互爲對方的困難（蒙010001+坎010010）

10. 解是捨棄成見　訟是相矛盾的雙方

觀是無數的成見　所以與解卦互相矛盾

但是觀容忍許多矛盾　也貯藏許多解法

可訟可解的觀才是大觀（解010100+訟010111）

11. 未濟是永續的未來　困是受困的現在

觀可以覺察兩者的存在　更可穿梭兩者　悠遊於現在未來（未濟010101+困010110）

12. 升是升華與尋找來世　巽是最大的容量

觀的世界是升華的世界　是來世的眼　是想像力的無邊界（升011000+巽011011）

13. 蠱是比賽的擂台　井是供水的通路

觀的擂台是心智　觀世界的井不只是眼睛　還是思考與計算的心（蠱011001+井011010）

14. 恆是長久不變的常數　逅是時時遇合的碰撞

小觀觀變　但大觀用法眼　可以看到變化後的可長可久

能知新而惜舊　完成新舊的共生（恆011100+逅011111）

15. 鼎是文明的創新　大過是記錄的極端值

觀的有機發展　兼有築鼎的求新與大過的求不凡

觀是一位大廚　用不凡的素材調理絕頂的美味（鼎011101+大過011110）

16. 復是還原修復　益是不斷的加值

觀的虛擬世界可以瞬間復原　也可不斷加值（復100000+益100011）

17. 頤是大生態　屯是盤旋中的萬物

每個人的觀世界都是一個生態　充滿因果的循環

而觀世界中的每一個念頭彼此盤旋而動靜平衡（頤100001+屯

100010）

18. 在觀的世界有震的節韻　也有無妄的機率或亂數

　　如心情的憂喜　如莫名的生氣

　　無妄的觀是狂想　震的觀是三心二意

　　觀世界常徘徊在兩者之間（震100100+無妄100111）

19. 噬嗑是修正　隨是跟隨讚美

　　觀的世界能超越修正與跟隨　留在純欣賞與了解的高度

　　也能瞬間完成既修正又讚美的工作（噬100101+隨100110）

20. 明夷是隱藏與欺騙　家人是組合完美

　　觀的本質是隱藏　是藏在深心中別人不知的家人

　　也是會自己騙自己的圓滿（明夷101000+家人101011）

21. 賁是說故事的心　畫圖的技藝　既濟是調和的心

　　觀可以說無數的故事　畫無數的圖

　　在自己的故事與圖畫中得到最大的滿足（賁101001+既濟
　　101010）

22. 豐是放大的光　同人是化同萬物

　　觀的放大鏡效果類同豐的放大　而觀喜歡化異為同

　　把別人的經驗化成自己的閱歷（豐101100+同人101111）

23. 離是複製　革是變形

　　觀的世界可以瞬間複製與變形

　　這是它強大運算能力的基本（離101101+革101110）

24. 臨是表演者　中孚是默契與信心

　　觀是觀眾　人生是當自己熱情的表演者與歡呼的觀眾

　　偉大的觀可以深入表演者的內心　捕獲知己般的信認（臨
　　110000+中孚110011）

25. 損是簡化　節是縮小的時空

觀有一種神性　可以簡化複雜　製造節點

而讓人生美得如一曲交響樂（損110001+節110010）

26. 歸妹是化歸單一　履是擇道而安

觀可以運算未來的期待值　也可收納別人走過的路線

觀中有履　心路歷程決定人生的吉凶

觀中有歸　心不喜歡三心二意　而欣賞果決單一（歸妹110100+履110111）

27. 睽是分別心　兌是不停地對談

觀不隨便與人對談　而常與自己對談

觀是虛擬的自我　與真實的世界的我對立又相知（睽110101+兌110110）

28. 泰是交換天地　小畜是靈感與突變

觀世界的生意比真實世界更旺盛

也更富小畜的靈感與自我突變（泰111000+小畜111011）

29. 大畜是大富　需是大需要

觀世界用美好的記憶讓心富可敵國

也用強大的慾望讓心懷抱富國的理想（大畜111001+需111010）

30. 大壯是進攻　乾是抗逆

觀不喜歡動手打人　但可以在假想中懲凶除惡

觀的正氣可以旋乾轉坤　泣鬼神而動天地

觀的進取是高深的魔法　讓心如詩如畫（大壯111100+乾111111）

31. 大有是多元　夬是開啟

觀的宇宙說多大就多大　可以納天地之始終　是一切資訊的總合

開元創教　無所不能　觀是心與靈界的相通（大有111101+夬 111110）

4. 順動與易行（豫＝OOO1OO）

萬物在自然中順動　往容易的方向行進
心在自由中狂想　在歡樂中奔馳
在無拘無束時跳躍飛翔　任意製造個性與誤差
而政治上的順動易行就是太平盛世

1. 剝是剝壞　晉是唯一的標準
   豫是自由自在的心　是誤差的行動　所以是標準的剝壞（剝
   000001＋晉000101）

2. 比是領導統御　萃是類聚與秩序

　　而豫是最容易的領導　順其自然的類聚與秩序（比000010＋萃000110）

3. 觀是觀想　否是否定與逆境

　　豫是不認眞地觀　是歪邪的想法　也是最冷靜的拒絕（觀000011＋否000111）

4. 謙是兼顧彼此的心　小過是注意細節

　　豫是我行我素　不注重細節的我行我素就少了謙心

　　然而謙心讓人願意　細節讓人敬愼

　　願意與敬愼的心讓行動變很容易（謙001000＋小過001100）

5. 艮是孤獨的高山　旅是行遠的心

　　豫不用一步步走　而是在山頭間跳躍與飛翔

　　而最容易的心旅　先讓心相安於孤獨（艮001001＋旅001101）

6. 蹇是保護我們的皮膚　咸是皮膚上敏銳的覺知

　　豫是用最敏銳的覺知來保護我們　也是在最周全的保護下感受幸福（蹇001010＋咸001110）

7. 漸是最慢的前進　遯是退藏

　　豫是最順利的前進　是隱藏的或進或退

　　也是兵法中捉摸不定的行軍（漸001011＋遯001111）

8. 師是唯一的紀律　解是解放的心

　　豫是閒散的心　是紀律的解放

　　而嚴格的訓練也是閒散心的解藥（師010000＋解010100）

9. 蒙是不明白的心　未濟是未知的未來

　　豫是不求甚解的心　也是盲目於缺失而自在的行動（蒙010001＋未濟010101）

10. 坎是交錯的方向　困是受困的萬物

    豫是輕鬆不受困也不交坎　也是以困治坎　以坎治困

    是受困時的垂直思考　也是受阻時的自我約束（坎010010＋困
    010110）

11. 渙是自由的雲　訟是矛盾的大道理

    豫是歡樂的心　心在矛盾與自由中製造歡樂（渙010011＋訟
    010111）

12. 升是升華　恆是恆久

    人生的升與恆都是最難的事　如何找到容易

    豫說一念之差就是容易　升是化實為虛的一念　恆是化變為常的
    一念

    原來難易之分僅是豫的一念之差（升011000＋恆011100）

13. 蠱是比賽中的求勝　鼎是文明的創新

    最容易的創新可用最激烈的比賽

    最容易的求勝是集思廣益的腦力烹調（蠱011001＋鼎011101）

14. 井是通路　大過是不凡

    最容易的不凡是為眾生廣開通路　最容易的通路是超越平凡　建
    立極端值（井011010＋大過011110）

15. 巽是寬鬆相容　逅是共生

    最容易的包容是活在彼此的縫隙　是不知不覺的共生態

    身心的馴化與人神共生是最簡單的確幸（巽011011＋逅011111）

16. 復是還原　震是波動

    豫動與還原是震波的兩端　波是無所不在的還原　兼有豫動與簡
    易的還復（復100000＋震100100）

17. 頤是大養眾生　噬嗑是用刑修錯

豫是太平盛世　兼有大養的百業與清明的刑制（頤100001＋噬
100101）

18. 屯是盤旋的天體　隨是時序的相隨

豫是自然　是偶然　或然　隨遇而安然

既是隨意　又是遵從　既得自由　又不離平衡（屯100010＋隨
100110）

19. 益是感恩的心　是加大　無妄是天意的無常

豫是以人的誤差加大天意的無常

用人的感恩與天賜的幸運相祝福（益100011＋無妄100111）

20. 明夷是深藏的真相　豐是放大的光

豫是最輕鬆的騙局　是障眼法　放大的假相　假相的放大（明夷
101000＋豐101100）

21. 賁是定形的美　離是相映的美

豫是跳動於定形與相映間的美　是自然與偶然不確定的美（賁
101001＋離101101）

22. 既濟是滿意與調和的心　革是改革與除舊的心

豫是跳動於滿意與改革間的心　是三心二意的本質（既濟
101010＋革101110）

23. 家人是最美麗的組合　同人是化異為同

最容易的方法與最美麗的組合間存在化同的關係

私家之美與天下大同間存在了豫動與不確定（家人101011＋同人
101111）

24. 臨是表演的現在　歸妹是理想中的未來

豫是用盡情表演的現在　找到最美的未來　是界於現在與未來的
擾動（臨110000＋歸妹110100）

25. 損是簡化的行動　睽是分辨的心

　　豫不同於損　豫求自然與順動　有別於損的刻意簡化　簡化了豫的不確定就是睽明（損110001+睽110101）

26. 節是分節　兌是對等的相談

　　豫是最容易的方法　最容易的分節就是對等的兩半

　　最容易的對談就是找到相鄰的節點（節110010+兌110110）

27. 中孚是同心的誠信　履是擇命運的路

　　豫是擇容易的路　而最容易的路是選擇神指引的路

　　神擇與人擇之間存在了豫動的不確定（中孚110011+履110111）

28. 泰是生意旺盛　大壯是攻伐進取

　　作生意與攻伐之間的和與戰是最豫動的一念之差（泰111000+大壯111100）

29. 大畜是積富　大有是求異

　　兩者存在容易的轉換　也是一念之差千里之別的不同（大畜111001+大有111101）

30. 需是生命有所需　夬是果決的行動

　　豫是自然　最常見的自然是生命為需而果決行動（需111010+夬111110）

31. 小畜是突變與靈感　乾是如詩如畫的大能力

　　心的太平盛世就是充滿靈感的每一天　與如詩如畫創作的一生（小畜111011+乾111111）

5. 大明天地（晉＝OOO1O1）

光的明暗讓我們看清萬物的形相

太陽的升與沉帶來晝夜的變化

天的由暗而明類比心的無知變有知　萬物的無相變有相

用光照亮這個世界　讓眾生安心活在光明的世界

就是大明天地

1. 晉卦用光明尋找萬相

　不只是靜態的剝　還是動態的豫

　不只有被界定的結局　還有不安分的例外與無中生有的開始

是包括初始與最終的完整全相（剝000001＋豫000100）

2. 比是親比與結盟　否是否定

　光明的心善用無數的否定來尋找唯一的肯定

　也用最親切的連比來結盟最強的光明

　是白天唯一的太陽　黑夜唯一的北斗星（比000010＋否000111）

3. 觀是心中的萬種觀想　萃是最亮的寶石

　晉是心中最亮的寶石　是一生最高的座右銘（觀000011＋萃000110）

4. 謙是兼顧眾生　旅是耐心地行遠

　大明之心善於傳播善知　無遠弗屆帶領眾生知性之旅（謙001000＋旅001101）

5. 艮是相隔最遠的山　小過是糾纏的細節

　光明的心像顯微鏡　可以在細節中看到最遠的相隔

　也像哈伯望遠鏡　穿過最遠的相隔看到最細微的糾纏（艮001001＋小過001100）

6. 蹇是阻擋的河　遯是退後與隱藏

　光明的心阻擋了隱藏的意圖

　而求功名的心要用知退來保全它的豐收　晉明與遯隱是相蹇的兩卦（蹇001010＋遯001111）

7. 漸是溫柔的前進　咸是感性

　光明的心喜歡用溫柔的方法前進

　更喜歡用敏感的感性體驗愛情

　晉是男女的相悅而結合　是溫柔的男士與感性的女子的戀愛（漸001011＋咸001110）

8. 師是訓練與教導　未濟是不足的未來

光明的心喜歡訓練與教導　總是看到未來的不足而諄諄教誨

晉的理想與師的實力是永恆的不足與缺失（師010000+未濟010101）

9. 蒙是扭曲與不清楚　解是解決解除

光明的心喜歡解決扭曲與不清楚

光明有時會太自滿　以為自己是唯一的解而蒙蔽了真理（蒙010001+解010100）

10. 坎是交錯的線　訟是不相交的圓

光明的心可以悠遊於相交與不相交的兩種集合

是十字路口上的紅綠燈　也是相訟時的兩圓的交集

標準的晉與相訟的爭論彼此相坎（坎010010+訟010111）

11. 渙是擴散的水與雲　困是冷凍結塊的冰

光明的心是日出日落的循環　陪伴著冰水雲的變換

知識的本質要有困的界定與渙的自由想像（渙010011+困010110）

12. 升是上升到虛無的太空　鼎是上升到文明的最高

光明的心把虛無變成萬種文明　把無知變成全知

知識的升華是文明的高度　也是由虛變實的鼎（升011000+鼎011101）

13. 蠱是可勝可負的賽局　恆是可長可久性質

光明的心是不斷求勝的意念與累積長久的經驗

知識的世界要不斷淘汰與累積（蠱011001+恆011100）

14. 井是分享的深井　逅是共生的萬物

晉是高照的太陽　代表舉世公認的標準

通深的井與高明的知識之間　獨明的巨星與通路活路之間　存在

共生的關係（井011010+姤011111）

15. 巽是最大的包容　大過是最大的超過
    晉是知的總合　是媒體與新聞的世界
    新聞是匯集最多的驚人消息的總合（巽011011+大過011110）

16. 復是復原本初　噬嗑是不斷整形變美
    晉是來回於還原與整形之間的美（復100000+噬100101）

17. 頤是包括光明與黑暗的大生態　震是來回的震動
    晉是用明去暗　造成明暗震動不停的萬相
    晉是萬相也是假相　是全知的媒體也是無知眾生
    萬相與全知是個不停震動的頤體　也是假相與無知的幻體（頤
    100001+震100100）

18. 屯是穩定的天體盤旋　無妄是不可預知的事件
    晉是知識的最高最廣　包括穩定的已知　與不可預知兩個世界
    （屯100010+無妄100111）

19. 益是互相幫助　隨是可以相隨的事物
    晉是公認的標準　是超級巨星　可供眾生相隨　晉與隨的雙方替
    彼此人生大大加值（益100011+隨100110）

20. 明夷是藏明　離是相映　晉是眾所皆知的顯明
    藏與顯兩個世界相映更美（明夷101000+離101101）

21. 賁是有邊界的美　豐是沒有邊界的光
    晉是有邊的形與無邊的光組合的萬相（賁101001+豐101100）

22. 既濟是調和得宜　同人是化異為同
    晉是明暗的調和得宜　也是知識除異後公認的共識（既濟
    101010+同人101111）

23. 家人是組合更美　革是拆除老舊

晉是會組合也會拆除的全知　是日新月異的大美（家人101011+革101110）

24. 臨是實踐與親近　睽是分別
晉是高高在上的名聲　與臨的親近實相分別（臨110000+睽110101）

25. 損是簡化到最輕　歸妹是歸屬到最遠
晉是一盞朝聖的燈光　引領自己朝更輕更遠的方向前進（損110001+歸妹110100）

26. 節是把故事分節　變成許多環環相扣的情節
履是選擇天命　決定自己的故事要如何發展
晉則是書名　概括故事的主題　一句最後的心得　最重要的感想（節110010+履110111）

27. 中孚是同心的圓　相信彼此的心　兌是相知相談的兩人
晉是相談後共識　也是知與無知間最坦誠的對話（中孚110011+兌110110）

28. 泰是最大的交換　大有是最大的容異
晉是唯一的巨星　唯一的標準
經最大的交換後　就是每個人都是自己的巨星　每個人都是自己的標準
正是最多元豐富的大有世界（泰111000+大有111101）

29. 大畜是最大的積富　大壯是最大的氣壯
心的大畜是美麗的記憶　心的大壯是最容易的勝利
晉是一個LOGO　一句座右銘　總能讓自己活出簡單的富足與壯闊（大畜111001+大壯111100）

30. 需是有所求　乾是不停的抗逆

晉不求微末的功名　是燃燒自己　爲蒼生點燈　爲萬世立光明
（需111010+乾111111）

31. 小畜是最小的累積與突變　是靈感　夬是無中生有的爆發
晉也是靈感　只是更大更大的靈感　可以像超新星爆發一樣亮
從此光明進化　結束黑暗（小畜111011+夬111110）

6. 聚實與精純（萃＝000110）

萬物的形成先聚實再精純
市集的形成先聚多再整理出秩序
心的思考先聚焦再精熟
鑽石的形成先聚再精叫結晶

1. 剝是剝壞　否是否定與反交換的世界
　　事物不會剝壞的本質就是萃　像金剛鑽一樣
　　而否世界剝壞後也是萃　像花草聚集的春天（剝000001＋否
　　000111）

2. 比是結盟親比　豫是順動輕鬆

當結盟的關係更牢固　漸漸減去豫動的誤差　萃的結晶與聚實就形成

當比是一個比喻　豫是遊走的心念

萃就是用一個比喻把萬千心念聚實成一個成語　一個單字（比000010+豫000100）

3. 觀是觀虛的心　晉是虛實萬相

萃則是聚實的生命　是觀虛與萃實的萬相組成這個世界（觀000011+晉000101）

4. 謙是以高求廣　咸是以靜求微

結晶體的形成兼有聚廣與感微兩種特質（謙001000+咸001110）

5. 艮是各自獨立的世界　遯是隱退的世界

萃是聚多的世界　是艮世界的退隱

萃是成形　也是遯世界的艮絕（艮001001+遯001111）

6. 蹇是過不了的大河　小過是最小心的過日子

萃則是聚集在大河邊每天小心過日子的百姓

萃是心的聚焦　在最難的問題下最細心的推進（蹇001010+小過001100）

7. 漸是最慢的推演　旅是最遠的行路

萃是長遠思考與溫柔推演後的心得　是千思萬念後的寶石（漸001011+旅001101）

8. 師是整齊化一的兵陣　困是最緊實的包圍

用困強化緊實　用師強化純一　就是求精純的兵法（師010000+困010110）

9. 蒙是模糊不清　訟是相排斥

萃是精純的寶石　晶瑩剔透　各得其位　所以和模糊相斥（蒙010001+訟010111）

10. 解是溶解崩解　坎是垂直的維度

萃是結晶聚實　解與萃是相坎的能量

萃是金剛的心法　是平行的堆疊　萃也是解除坎險的心法（坎010010+解010100）

11. 渙是逍遙的心　未濟是不足的心

萃是精純的專心　與渙散逍遙的本質不同　是永不滿足的求知心（渙010011+未濟010101）

12. 升是升華與虛化　大過是極端

升華的極端是萃的聚實　像把雜質升華乾淨了就剩下結晶與沉澱（升011000+大過011110）

13. 蠱是爭勝的賽局　姤是共生的萬物

經過千萬次的賽局淘汰　還有千萬年的共生磨合

萬物會形成一種既共生又淘汰的秩序　像金剛一樣堅定（蠱011001+姤011111）

14. 井是通天下的水　恆是穿透時空的相

通達的心能穿透長遠時空就是金剛般的心法（井011010+恆011100）

15. 巽是最寬的容量　鼎是最高明的創新

萃是最精純的心智　空間的求寬　時間的求新　本質的求精　是心的三足鼎立（巽011011+011101鼎）

16. 復是還原與重復　隨是跟隨

萃是不斷重復與跟隨的晶格　是事物最安定的排列（復100000+隨100110）

17. 頤是最大的循環　無妄是最亂的變數

　　萃是最安定的秩序　在大循環的世界　最亂才是最大的安定（頤100001+無妄100111）

18. 屯是圓形的盤旋　震是來回的波動

　　萃是減維的心　三維的盤旋就是二維的波　所以萃化同了屯與震　在書法的世界　屯是遒勁　震是氣韻　萃是形位　正是三種寫好字的能量（屯100010+震100100）

19. 益是加多　噬嗑是減錯

　　萃同時聚多與去除雜質　是益與噬的合體（益100011+噬100101）

20. 明夷是藏形　革是變形

　　萃是超越藏與變的精純　是最密實的透明（明夷101000+革101110）

21. 賁是定形的美　同人是化同天地

　　萃是安定的位序　賁之定美與萃之定位可以化同（賁101001+同人101111）

22. 既濟是知足的心　豐是放大的光

　　知足的放大是安定　是金剛不壞的心智（既濟101010+豐101100）

23. 家人是最美的組合　離是相映的美麗

　　萃是最安定的結晶　所以萃與家人相映（家人101011+離101101）

24. 臨是近臨觀眾　兌是相談甚歡

　　萃是無數表演與相談後留下的精華集（臨110000+兌110110）

25. 損是簡化的自己　履是選擇後的唯一

萃是千錘百鍊後的最簡與唯一（損110001+履110111）

26. 節是分節後的自然　歸妹是分別後的未來

萃是用自然的運算法得到最安定的未來

節卦是在數學的mod餘數運算 a mod b=0--（b-1）

意思是用b除a的餘數是介於0到b-1的自然數

天地　　mod　　64卦=易經　　易經是天地的用節與歸妹後的萃（節

110010+歸妹110100）

27. 中孚是同心的許多圓　像漣漪的外擴　睽是分別與對立

萃是集中於最密實的努力　萃的內聚與中孚的外擴相對立（中孚

110011+睽110101）

28. 泰是最大的交換　夬是最快的爆發

萃是安定的晶格　萃與夬是最大的交換（泰111000+夬111110）

29. 大畜是最大的累積　乾是逆反

萃是純化與單一　萃與大畜彼此逆反

當心能結合純化與豐富的特質　就是如詩如畫的能量（大畜

111001+乾111111）

30. 需是需要的最強　大壯是正氣的最壯

萃是集最需要與最壯的心　是正大光明的愛（需111010+大壯

111100）

31. 小畜是突變　大有是多元

多元是聚實的突變　突變是純化後的多元（小畜111011+大有

111101）

7. 否定與滅空（否=000111）

肯定與確定的相反是否定

萬物的否定是空無與滅亡

是生命的逆境與天地不交的絕境

否卦是個凶卦　但否卦的能量也有自我反轉的妙用

譬如否極泰來　否傾則萬物生

否卦也是一個青春永駐的卦　因為否像冰凍中的細胞

或是嚴寒下的孢子　可以渡過悠悠的歲月再甦醒

1. 剝是剝壞　萃是聚多

　剝壞的聚多就形成否的逆境

　但萃也是金剛的心法　剝是最高的寂靜

最高的金剛大法是五蘊皆空的否空　滅此而生彼　是登彼岸的大法（剝000001+萃000110）

2. 比是用一法領導萬法　晉是一切的有為法　是萬相

   金剛經的偈語　一切有為法皆如夢幻泡影

   無我相無人相無眾生相無壽者相

   正是否卦的滅一切而得一　滅一而得一切（比000010+晉000101）

3. 觀是心的觀想　豫是身心順動

   觀想看似輕鬆自由　其實久了會有慣性

   看法總是順著慣性　逐漸進入不交換的否境

   所以要常用否空的心法自觀　才能得到由豫的身心（觀000011+豫000100）

4. 謙是看空自己　遯是隱退與豐收

   在否境用看空自己的謙道　正是退否與豐收的方法（謙001000+遯001111）

5. 艮是絕情的高山　咸是敏感的皮膚

   艮絕與敏感彼此否定（艮001001+咸001110）

6. 蹇是阻隔的大河　旅是讓人佇足的美景

   或阻或佇彼此否定（蹇001010+旅001101）

7. 漸是演化的前進　小過是最細心的經過

   漸的演進攸關物種的生滅　小過是纏綿的日常　彼此相否定（漸001011+小過001100）

8. 師是訓練出的順從　訟是相爭後的矛盾　兩者目標相反彼此否定（師010000+訟010111）

9. 蒙是看不清楚　困是無法越界

心的否境就是看不清真相與自我設困

困的清楚界定否定了蒙的不清楚（蒙010001+困010110）

10. 坎是互相爲難　未濟是無法滿足的心

心的否境先爲難自己再貪得無饜

坎的交錯與未濟的不相交彼此否定（坎010010+未濟010101）

11. 渙是渙散的水　解是溶解的冰　都有自我反轉的特性

渙散又崩解可以產生否境

但渙是逍遙的心　可以解開否境

解是原諒的心　也可消散否境（渙010011+解010100）

12. 升是升華　姤是遇合與共生

否境的升華就是與神鬼強敵的共生　用寄生委曲求全來存活（升011000+姤011111）

13. 蠱是無止境的比賽　大過是無止境的破紀錄

人生的否境是替自己設下無止境的賽局與紀錄（蠱011001+大過011110）

14. 井是通天地的水　鼎是創新的光明

有鼎無井則貨不通　有井無鼎則共貧　都是政治上的否境（井011010+鼎011101）

15. 巽是耐折的身心　恆是守常的恆心

否的養生像孢子的耐折　用鬆軟的身心來守恆（巽011011+恆011100）

16. 復是不斷地還原　無妄是充滿不定性

否是最保久的青春　是克服無常歲月而終會復原的生命力（復100000+無妄100111）

17. 頤是可以顛倒而繞圓　隨是不可顛倒有次序的跟隨

兩者相否定　也組成最不變的生態（頤100001+隨100110）

18. 屯是天體盤旋　噬嗑是裂解與消化

　　天體的裂解自然是大大的否境（屯100010+噬100101）

19. 益是幫助　震是波動的氣韻

　　心的萬念在幫助與拒絕間波動不停

　　如果否是青春永駐　那麼用感恩與幫忙的氣韻養生可以凍齡（益100011+震100100）

20. 明夷是藏明以保全它　同人是化同雙方

　　否是用冰凍來保全生機　所以和明夷的用黑暗保全光明化同

　　將否定的心藏起來就是化同與認同（明夷101000+同人101111）

21. 賁是定形　革是除舊與變形　兩者相否定（賁101001+革101110）

22. 既濟是知足與調和　離是繁殖複製

　　否是冬眠的生命　與離的繁殖複製都是生命的必需

　　而調和的生命　是既能冬眠也能迅速繁殖（既濟101010+離101101）

23. 家人是組合團隊　豐是一人的光芒四射

　　團隊精神與獨夫主義兩者相否定（家人101011+豐101100）

24. 臨是親近熱情的觀眾　履是恕恕走在老虎的嘴邊

　　兩者受歡迎與受迫的狀態相否定　正是嚴厲的人生啊（臨110000+履1101111）

25. 損是簡化　兌是精誠

　　而處否逆之道即求至簡至精　如孢子一般（損110001+兌110110）

26. 節是分節後的連結　睽是分別後的對立

否是拒絕快樂的分與連　是遠離節韻的生命　所以與節相睽（節110010+睽110101）

27. 中孚是與神同心　歸妹是投入未來
投入空門與歸依我佛都是否　否定俗世的價值（中孚110011+歸妹110100）

28. 泰是過熱的生意　乾是逆轉一切的能
否是過冷的嚴寒　百業不興　所以泰與否相錯　泰的逆轉就是否（泰111000+乾111111）

29. 大畜是記錄大歷史　夬是開啟大未來
兩者經營的時間方向與價值觀相否定（大畜111001+夬111110）

30. 需是大慾不足　大有是博大多元
尋缺與尋博的心態兩者相否定（需111010+大有111101）

31. 小畜是小康的確幸　大壯是大國征伐小國
兩者相否定　相滅空　相傾亡　相絕逆　不可不察（小畜111011+大壯111100）

8. 兼顧與空懷（謙=001000）

兼顧是將心比心的雙方　空懷是放空執念的心　都是謙卦
一顆謙虛的心有一種無形的高度　把眾生抬高而能看更遠的未來
謙道是求低求均求公平的道　兼愛天下　敬愛神明　廣納百川

1. 剝是剝壞　艮是隔絕與自私
   自私心的剝壞就是兼顧彼此利益的謙道（剝000001+艮001001）
2. 比是一條貫穿人心的河　蹇是一條阻擋穿過的河
   謙道是看空阻擋與危險　化成順流與親比的河
   比是領導　蹇是保護　謙道是對蒼生的領導與保護（比000010+

蹇001010）

3. 觀是觀想　是靜遠的心　漸是演化中的萬物　是溫柔的前進
   謙道是兼顧溫柔演進與靜遠觀察
   觀道尚遠　謙道尚低平　兩者相漸相演（觀000011+漸001011）

4. 豫是簡單順動　小過是細節中的微進
   謙道是兼顧簡順與細節的行動
   謙道者心常由豫　不辭小過之細（豫000100+小過001100）

5. 晉是照亮一切的光　旅是安住在每一個美景之下
   謙道用安住讚美光明　也用光明普照人生的過客
   是世人景仰的光明　也是景仰光明的世人
   謙道是一種知性之旅　由知到無知　由無知到知（晉000101+旅
   001101）

6. 萃是結晶的寶石　咸是微妙的感性
   謙道用感動的心事把人生變成璀璨的寶石　也用純化的心感動眾
   生　謙道中有萃的秩序井然　也有咸的敏銳多情（萃000110+咸
   001110）

7. 否是在逆境中的孢子　遯是退隱的生活
   謙道是放空自己的逆境而甘於退隱的生活
   也兼用知退與否定來求眾生的平等（否000111+遯001111）

8. 師是練兵打仗　升是升華虛空
   謙道的身體低頭彎腰　心卻升華如聖賢
   謙道的心中有神明的教誨　每天與執著的自己作戰　是兼有作戰
   與善良的人生（師010000+升011000）

9. 蒙是模糊不清　蠱是比賽求勝
   謙道不求清楚的勝負　願意接受最嚴厲的質疑　是兼有糊塗與鬥

志的人生（蒙010001+011001蠱）

10. 坎是打結的十字路口　井是打通的水井油井
　　謙道是在打結的路口慢下來　停聽看　然後井然通過　是將心比
　　心後化坎爲井的智慧（坎010010+井011010）

11. 渙是逍遙與自由　巽是柔軟的身心
　　謙道是兼顧別人的自由與用柔軟接受命運的撞擊（渙010011+巽
　　011011）

12. 解是原諒　恆是恆久
　　謙道是恆久原諒的心　是兼有解開與持久的美德（解010100+恆
　　011100）

13. 未濟是發現不滿意　鼎是創新
　　謙道是不自滿與賣力創新　是兼有鼎的高度與未濟的抱負（未濟
　　010101+鼎011101）

14. 困是封閉　大過是高傲
　　謙道是把高傲封閉起來　是兼有超越與受界的胸懷（困010110+
　　大過011110）

15. 訟是矛盾的道理　逅是共生與遇合
　　謙道是願意與矛盾對立的人們相合相共生　是兼有據理相爭與共
　　生圓滿的智慧（訟010111+逅011111）

16. 復是還原的眞相　明夷是隱藏的眞相
　　謙道接受別人隱藏眞相　也勇於還原自己的眞相　是兼有初心的
　　天眞與守祕的責任感（復100000+明夷101000）

17. 頤是養生的大生態　賁是說美麗的故事
　　謙道以衆生爲生　願意聆聽衆生美麗的故事　是兼有大美與小美
　　的生活觀（頤100001+賁101001）

18. 屯是盤旋的天體　既濟是滿意與調和
    謙道是耐心的自我盤旋　總是心懷滿意　也願意用調和代替極端
    是兼有屯的動靜平衡與既濟的調和滿意（屯100010＋既濟
    101010）

19. 益是幫忙　家人是組合完美
    謙道是願意幫忙　也以蒼生為家人　是兼有美麗與善良的品性
    （益100011＋家人101011）

20. 震是振動的波　豐是放大的自己
    謙道不浮誇　故不放大自己　而是相震地放大別人（震100100＋
    豐101100）

21. 噬嗑是校正錯誤　離是相映
    謙道勇於校正己錯　也樂於映人美善（噬100101＋離101101）

22. 隨是跟隨神明　革是除舊
    謙道是堅隨神明　也勇於除己之舊　兼有隨序與輕變的美德（隨
    100110＋革101110）

23. 無妄視無常為有常　同人視異為同
    謙道接受無常　視蒼生為同　兼有化常與化同的胸懷（無妄
    100111＋同人101111）

24. 臨是登台表演　泰是生意興旺
    謙道助人登台　以建構盛世興泰為己任　是兼有表演與生意的行
    動（臨110000＋泰111000）

25. 損是簡化　大畜是積富
    謙道遵從簡化之道　因處低位　故納百川積大富　兼有簡化與大
    化的智慧（損110001＋大畜111001）

26. 節是分節　需是有所求

謙道節約己用　心存別人的需要　兼有愛慾與節奏的情懷（節
110010+需111010）

27. 中孚是心中有神　小畜是積小求變
謙道心中有神　不嫌積小　故能靈變　是兼有最悠遠的信與最微
的積德心（中孚110011+小畜111011）

28. 歸妹是先捨後進　大壯是氣壯山河
謙道捨所愛而歸妹遠方　以天下為己任　故正氣大壯　是兼有祝
福與攻取的行動（歸妹110100+大壯111100）

29. 睽是分別心　大有求異求多元
謙道不求分別心　尚儉不求多元　故有別於大有
但大謙之道合於天地好謙之理　心懷寬廣　故能容納大有
謙道是把睽的對立化成豐富的大有（睽110101+大有111101）

30. 兌是相談　夬是啟動
謙道重視將心比心的相談　也用快速啟動來鍛練謙勤的身段
是兼有重複與開創的碎形幾何（兌110110+夬111110）

31. 履是敬慎選擇　乾是抗逆的意志
謙道終日乾乾　心有眾生　故履帝位而不疚　為天下蒼生而自強
不息　大哉謙道　空而高　下而廣　兼顧彼此　順逆隨心　眾我
皆宜　無所不在（履110111+乾111111）

9. 隔絕與相安（艮001001）

雞馬狗貓與人共生　但不雜交　因為物種不同
基因無法融合　即是隔絕
人與人可以相愛相恨　但多數人與我們相安
萬物相安而各自獨立求活　像重山有各自的山頭　可以並存於世

1. 剝是剝壞　謙是均活
   尊重眾生的獨立　公平各享歲月的剝與謙　即是相安於艮止
   謙道的剝壞即是隔絕心的開始（剝000001+謙001000）
2. 比是結盟　漸是向前演進
   結盟是獨立的演進　獨立也是結盟的進化（比000010+漸001011）

3. 觀是遠觀　塞是防護與阻隔

   塞是近身的阻隔　艮是遠離的阻隔　觀是由遠而近的觀察

   相安的觀察可以保護彼此　觀察身邊的險阻可以找到長久相安的

   方法（觀000011+塞001010）

4. 豫是無目的自由地順動　旅是有計劃地遊旅人生

   艮是相安的過客　人生在漫無目的與有計劃之間相安而過

   相安的心製造個人的順動　也促成人生之遠旅（豫000100+旅

   001101）

5. 晉是唯一的太陽　小過是無數的細節

   是艮安的心在無數細節中找到智慧的太陽

   艮安是一種距離　是介於高高的太陽與身邊的事物間的距離（晉

   000101+小過001100）

6. 萃是結晶的金剛鑽　遯是退隱的豐收

   艮是平行不交的線　是彼此不相約的質數　是在天地中各自結晶

   與豐收的人們

   是相聚與相隱之間的距離（萃000110+遯001111）

7. 否是否定　咸是感性的生命

   艮是拒絕　否定與拒絕很像　但不全一樣　彼此存在微妙的感性

   差別

   心往往在拒絕與否定中發現喜愛的情感　感性的否定就是艮的絕

   緣無感（否000111+咸001110）

8. 師是訓練打仗　蠱是比賽求勝

   艮是珍貴的獨立與界限　是無數兵法與比賽所贏來的

   強大的軍隊與明白的賽規可以保護相安的和平

   兵法的以一貫萬　與蠱賽的以一對一　存在最長的距離（師

010000+蠱011001）

9. 蒙是看不清楚與不停的問與答　升是升華
   艮是不問不答　也是自知之明　是升華到不用看清楚的狀態（蒙
   010001+升011000）

10. 坎是相交錯的線　巽是最鬆柔的命運
    艮是平行不交的線　命運的線在交坎之外　有最寬鬆的相安與平
    行（坎010010+巽011011）

11. 渙是擴散的雲　井是重見天日的水
    井水不犯河水　更不犯天上的雲　是相安的艮（渙010011+井
    011010）

12. 解是解放後的萬物　鼎是集結後的文明
    相安的萬物用自由解放與集結各建文明（解010100+鼎011101）

13. 未濟是不滿足的明天　恆是守常的過去
    艮是守著自己的界限　相安於不足的現在　也是不相濟的萬物各
    自存活
    一種守常的心艮安了萬種未來（未濟010101+恆011100）

14. 困是圍住　逅是遇合共生
    艮是圍住自己同時與願意自圍的人們相安而共生
    也是活在各自的界定中　相安而不相遇合的蒼生
    絕情後的心可以化困守爲相姤相共生　反之則化相姤爲相困　用
    情相困也（困010110+011111逅）

15. 訟是矛盾相爭　大過是極端地超過
    艮是極端的矛盾後　發展出各自存活的生態
    也是無爭後最大的遠離與絕俗隔世
    超越與不凡的心沒有離開眾生　是不安分地活進眾生　與艮獨相

矛盾（訟010111+大過011110）

16. 復是還原當初　賁是定形最後

　　艮是拒絕還原初態也拒絕定形終論

　　也是默默觀看還原與定形而不表示意見（復100000+賁101001）

17. 頤是最大的循環鏈　明夷是藏明

　　萬物皆藏在頤鏈之中　一如祕密藏在自己的心中

　　艮絕是拒絕參與頤的循環與欺騙的世道　活在自己的天地

　　相藏與相養的萬千世道　彼此相安而無爭（頤100001+明夷101000）

18. 屯是天體盤旋　家人是組合美麗

　　相安的行星們雖然都繞著太陽盤旋　但要維持多體系統的隱定

　　要非常小心走在自己獨立的航線上

　　人生是介於家人與個人之間纏綿地盤旋（屯100010+家人101011）

19. 益是互相幫忙　既濟是皆大歡喜

　　艮是相安無事　是政治管理上的上境　用最小的幫忙　不干擾彼此的皆大歡喜

　　是絕情的心幫助了皆大歡喜　也是幫助的心滿足了相安的靈（益100011+既濟101010）

20. 震是大輻的震盪　離是相映的雙方

　　艮拒絕震盪　也拒絕相映

　　卻和震盪相映　和相映震盪　因為它靜靜相安（震100100+離101101）

21. 噬嗑是修正錯誤　豐是放大光芒

　　艮不修正別人的錯　也不放大彼此的光芒

卻因別人的錯而放大了自己的對　因別人的自大而彰顯了自己的
缺失（噬100101+豐101100）

22. 隨是跟隨讚美　同人是化異爲同
　　艮不跟隨別人　也不化同他人
　　卻跟隨了自己　化同了孤獨　最高的跟隨是跟隨自然的自己　獨
　　立於天地唯一的自己（隨100110+同人101111）

23. 無妄是無常的未來　革是被改革的過去
　　艮不逞勇於無妄　也不硬要改革
　　卻能無妄於孤高　善革於貪進好勇
　　變化無常與有常的心與輕快變形的心意　兩者是遙遙平行的心智
　　（無妄100111+革101110）

24. 臨是君臨天下　大畜是大積富國
　　艮是獨善其身　故不臨天下　不積大富
　　卻深臨己心　大積觀止
　　知臨的人生與大畜時空的經營兩者遙遙相平行（臨110000+大畜
　　111001）

25. 損是簡化　泰是興旺
　　艮不求損己利人　不求財成天下
　　卻能損貪節躁　順泰偏安
　　損減的人生與交易的人生兩者遙遙相平行（損110001+泰
　　111000）

26. 節是分節　小畜是積小求變
　　艮有所不爲　不分節不突變　卻能安節自甘　小康確幸
　　縮節的甘美與小畜的靈變兩者遙遙相平行（節110010+小畜
　　111011）

27. 中孚是與神有約　需是心有所求

言不通神明　不仰人所需　卻相信酒食之重　厚其需養而自信自安

神人的互信與萬物的互需間　兩者遙遙相平行（中孚110011+需111010）

28. 歸妹是大歸於一　大有是多元博多

歸一與求博相安不違

艮不求歸遠不求多元　卻能歸一山之孤高而擁一山之多趣

大歸於一與大有於萬　兩者間其實遙遙相平行（歸妹110100+大有111101）

29. 睽是分別對立　大壯是攻伐進取

艮不攻不對立　卻能明辨內外　獨立於正大之氣

二元對分與壯弱相攻兩者遙遙相平行（睽110101+大壯111100）

30. 兌是相談共商　乾是抗逆的意志

艮不相談　不求知己　不抗逆天意　卻能勝己而出　自談而知天命

兌而精與逆而強兩者遙遙相平行（兌110110+乾111111）

31. 履是擇命運的路　夬是快速啟動

艮者心獨立不偏　故能自由思考　獨樂而不悶　敏於抉擇　勇於夬始能安步當車　一心即一山　一棲即一寨　自享相安之樂園

擇一而強與創新而滅舊兩者遙遙相平行（履110111+夬111110）

10. 阻隔與保護 (蹇=○○１○１○)

困難與危險像一條洶湧的大河　阻隔我們前進

也保護我們不被對岸的敵人侵略

生命需要時時的保護　我們用皮膚　用衣服　用盾　用房舍

用城堡　用護城河來保護生命

強大的保護會聚集眾多的生命

強大的困難會聚集眾多的研究與幫忙

都是蹇卦化阻隔為保護的能量

1. 剝是剝壞　漸是演化

　剝壞的自然讓生命不停演化　演化出各種保護　讓生命不被剝壞

　的方法

所以蹇是與剝與漸無限作戰的結界　蹇剝則漸生　漸剝則蹇生
（剝000001+漸001011）

2. 比是一條貫穿連盟的河　謙是一座埋在地下的山
蹇是住在河邊兼顧河民的平等　是一條保護眾生平等的母親河
比盟萬邦與謙顧蒼生　求高與求低的方向相蹇（比000010+謙
001000）

3. 觀是遠觀　艮是絕緣無情
用遠觀與無情可以製造保護的距離
無情的心可以保護正確的觀察
大觀的心也可以保護獨立相安的人生（觀000011+艮001001）

4. 豫是自由順動　咸是敏銳感性
自由的心對蹇的阻隔特別敏感
自由順暢的感性可以保護生命
自由若是一條不可中斷的河　生命會在河邊細細感受它的可貴
並且終身保護它（豫000100+咸001110）

5. 晉是唯一的太陽　遯是看不見的人生
求名與求隱的心相蹇阻　也相保護
相對的　晉明的巨星一定要遯隱八卦新聞　來保護名聲（晉
000101+遯001111）

6. 萃是晶瑩剔透的結晶　小過是細節裡人生
蹇是在河邊萃集多數的細節然後琢磨成大河文明的寶石（萃
000110+小過001100）

7. 否是否定與逆境　旅是行旅往訪
旅的否定就是阻隔　逆境的旅就是沿著危險邊緣生活（否
000111+旅001101）

8. 師是練兵打仗　井是養生通路
   塞是提供保護　練兵可以保護養生通路　養生通路可以保護練兵
   計劃（師010000+井011010）

9. 蒙是看不清楚　巽是折不斷
   塞是過不去　三者都不能攻擊別人
   卻能讓人傷不了身　徹底保護身心的安全
   扭曲心靈的能力與抗折扭的彈性正是蒙與巽的相塞（蒙010001+
   巽011011）

10. 坎是相垂直的線　升是不在線上的所有點
    坎與升沒有交集是塞　沒有交集卻能相依相存的塞（坎010010+
    升011000）

11. 渙是擴散的病毒　蠱是作戰的身體
    塞是漸強的免疫力　是與病毒傳播相抗的保護力（渙010011+蠱
    011001）

12. 解是解開防衛　大過是英雄不凡的心
    塞是層層的防衛　是英雄也解不開的防衛
    而能化塞為解的人定是不凡的英雄（解010100+大過011110）

13. 未濟是可以靠近但摸不到的未來　逅是可以遇合與共生未來
    塞是過不了但可以住旁邊的大河　像我們每天與未知共生的日子
    （未濟010100+逅011111）

14. 困是用有形的界圍住　恆是用無形的時間流過
    護城河與城堡的關係　一如恆與困的關係　用困保護著長久不變
    （困010110+恆011100）

15. 訟是相爭訟的雙方　鼎是六法全書
    塞是不能踰越的法律　可保護公平正義的相訟

而公平的相訟也保護了法的周全（訟010111+鼎011101）

16. 復是回到原點　既濟是調和的狀態

蹇是無法前進　卻可以沿著河邊住下來

此時硬要回到原點反而是蹇　能卽時調和進退與安住在河邊反而

是生活的復

調和與蹇阻是彼此的還原（復100000+既濟101010）

17. 頤是輪迴　也是最大的生養鏈　家人是最美的組合

最大與最美之間的鴻溝是蹇

只能向前而不能輪迴是頤的蹇　家人嗃嗃是組合的蹇

蹇難是人生最常見的風景（頤100001+家人101011）

18. 屯是盤旋的天體　明夷是藏明

把盤旋的路隱藏起來就是蹇阻的開始

天體的穩定藏著動靜平衡的祕密

明夷的或藏或顯也是一種眞與假的盤旋

蹇是護城河與城堡間的盤旋與深藏（屯100010+明夷101000）

19. 益是幫忙　賁是用邊界來定形

蹇是很難超越的邊界　可聚集最多的幫忙

也能幫忙畫出心靈最美的境界　編織最美的故事（益100011+賁101001）

20. 震是來回波動　革是切去老舊

蹇是防衛的盾　是切不掉的大河　是安住在河邊的人們

是在安居與冒險間不停波動的輕變人生（震100100+革101110）

21. 噬嗑是碎裂後的美食　同人是化異爲同

蹇是咬不碎的骨頭　留下美味的骨邊肉　一如渡不過的河　留下河邊的魚蝦（噬100101+同人101111）

22. 隨是跟隨美好　豐是放大美好

　　蹇是在河邊跟隨河的方向生活　放大河的美好（隨100110+豐101100）

23. 無妄是無法理解也要前進　離是相映與繁殖

　　蹇是無法超越也要安住與繁殖眾多　無妄與蹇是住在大河不同岸的人們（無妄100111+離101101）

24. 臨是親近與登台　需是有所求

　　慾望正是一條會溺人的河　親近它但不橫渡它　正是遇險而安的蹇（臨110000+需111010）

25. 損是簡化的自己　小畜是最小的累積

　　簡化與求小的困難也是一條大河　是最難超越的自己

　　修損道可以由小積大　最後突變成功

　　像安住在河邊的人家　用最簡單的方法成功活下來（損110001+小畜111011）

26. 節是分節後的萬物　泰是生意旺盛

　　分節後可以渡過難關　蹇而止也可以

　　可往可止　可縮可定　可分可安　正是泰盛的變化（節110010+泰111000）

27. 中孚是與神互信　大畜是大積富足

　　蹇是在懷疑的大河邊求真理　是每天的禱告

　　用一生的禱告累積與河神的互信（中孚110011+大畜111001）

28. 歸妹是大歸未來　夬是果決啟動

　　重大的割捨也是一條河　在大河前停下來　歸妹就失敗在蹇難之中

　　果決割捨渡河的想望　開啟沿河邊住下的人生　才是成功的蹇安

（歸妹110100＋夬111110）

29. 睽是分別心　乾是抗逆之心

智慧可以分別困難與容易　危險與安全

蹇阻可以反轉困難與容易　危險與安全　是隨遇而安的胸懷

睽離與蹇護是相抗逆的能量（睽110101＋乾111111）

30. 兌是相談　大壯是征伐與進取

談判可以阻隔征伐　而在困難邊的進取是不斷與困難的對談（兌110110＋大壯111100）

31. 履是擇道　大有是納多

蹇道充滿轉進與停住的變化　是最多元的擇道術

而神用蹇道來擇人世的命運　往蹇來連　王臣蹇蹇

人生不必急著渡河　沿著河邊徐進　或許更美（履110111＋大有111101）

11. 演化與發展（漸=○○1○11）

物種用演化發展出各種合適的功能來存活於環境
故事用演化發展出有趣的情節來吸引讀者
文明用演化發展各種驚人的成就
演化是用冒險求取更好的安定　用安定準備更大的冒險

1. 剝是剝壞　蹇是阻隔
   阻隔的剝壞促成了演化　剝壞的演化促成了阻隔（剝000001+蹇
   001010）
2. 比是連盟天下　艮是隔絕與獨立
   比的壞處促成艮的發展　艮的壞處促成了比的演化（比000010+
   艮001001）

3. 觀是望遠狂想　謙是兼顧眾生

   謙而安下　觀而思遠　以安求遠卽爲漸進演化（觀000011+謙001000）

4. 豫是自由順動　遯是隱藏退化

   退化也是一種演化　像腳的退化換來翅膀的進化

   演化的進或退是生命自由順動的趨性　包括以退爲進（豫000100+遯001111）

5. 晉是光明的進化　咸是感性的進化

   求名與知的世界是外顯的　感性的世界是內涵的　由外而內或由內而外都是演化（晉000101+咸001110）

6. 萃是安定在晶格中　旅是探訪美景的世界

   演化是尋找安定的旅行　也是準備遠遊的安定（萃000110+旅001101）

7. 否是否定與逆境　小過是細節中糾纏

   否定是最大的轉化　小過是最小的細節　以小求大　以大求小都是演化（否000111+小過001100）

8. 師是最嚴的紀律　巽是最鬆的秩序

   漸是用最嚴的標準行最鬆的延展　也用最寬的試驗完成最整齊的結果（師010000+巽011011）

9. 蒙是看不清楚　井是通路

   看不清楚會演化出各種理解的通路　過多的通路會演化出模糊的理解（蒙010001+井011010）

10. 坎是相錯的十字路口　蠱是一邊挑戰一邊傳承的賽局

    蠱是始亂終治　漸是始治終亂　所以蠱與漸彼此相坎交錯（坎010010+蠱011001）

11. 渙是由一點而擴散成一群　升是由實而空
  成群與求空之間包含了轉化的能量（渙010011+升011000）

12. 解是解散　逅是遇合
  漸是或散或合的演化（解010100+逅011111）

13. 未濟是不足　大過是最大超過
  小時候的不足會演化成長大後的超過
  一次超過的經驗會發展成往後不足的習慣（未濟010101+大過
  011110）

14. 困是受困的生命　鼎是創新的文明
  受困的環境會演化出創新的能量　不斷的創新會演化出厭舊的困
  境（困010110+鼎011101）

15. 訟是矛盾　恆是真理
  矛盾的思考衝撞後會演化出恆久的真理　持久的累積會演化出矛
  盾的真理（訟010111+恆011100）

16. 復是復歸空無　家人組合美麗
  喜歡復歸一個人的生活會在結婚生子後漸漸演化出離婚的決定
  演化是不斷重復的組合美麗（復100000+家人101011）

17. 頤是輪轉中的生態　既濟是圓滿與調和
  萬物在頤中互養　在自養中既濟　既濟的生滅演化出不生不滅的
  頤（頤100001+既濟101010）

18. 屯是動靜盤旋　賁是形與美的定位
  演化是求美的心用盤旋尋找新的境界　用定位的美來短暫休息
  （屯100010+賁101001）

19. 益是幫忙與感恩的善良　明夷是偽裝欺騙
  利他或利己間會微妙演化　騙人或騙自己也是

太在意善良之名的人會演化出自欺欺人的習性

藏真可以加值人生樂趣（益100011+明夷101000）

20. 震是來回波動　同人是化同

漸的演化來回於安定與冒險　故與震化同（震100100+同人
101111）

21. 噬嗑是修正自己的錯誤　革是切除別人的過去

小時受到過多糾正　長大會演化愛改變現狀或偏離正統的習慣
（噬100101+革101110）

22. 隨是跟隨別人　離是複製自己

小時喜歡跟隨與模仿　長大會演化出自戀與重複的習性

漸大的隨的鏡射是漸小的隨　鏡射是如影隨形的對稱演化（隨
100110+離101101）

23. 無妄是無常的天　豐是放大的自己

小時不安定的環境　長大會演化出誇大不實的特質（無妄
100111+豐101100）

24. 臨是登台表演　小畜是積小突變

臨是親近的演化　小畜是累積與突變的演化

小時表演或演講的經驗　長大會演化出文思泉湧靈感豐富的特質
（臨110000+小畜111011）

25. 損是簡化　需是有所求

化簡或化需都是演化

小時過簡的環境　長大會演化出慾求強盛的習性（損110001+需
111010）

26. 節是分節後的情節　大畜是最大的記憶

小時用分節記事的習慣　長大會演化出強大的組織與記憶力（節

110010+大畜111001）

27. 中孚是相信神明　泰是生意興旺

小時會拜拜禱告的習慣　長大會演化出交換作生意的特質（中孚
110011+泰111000）

28. 歸妹是割捨與祝福　乾是抗逆之心

小時就會割捨與祝福的經驗　長大會演化出人定勝天不屈不撓的
個性（歸妹110100+乾111111）

29. 睽是分別心　夬是果決

漸是最慢的演化　夬是最快的啟動　兩者相分別

小時受分別歧視　長大會演化出果斷決絕的個性（睽110101+夬
111110）

30. 兌是對談　大有是多元

兌的演化是精誠　大有的演化是博大

精與博互相演化

小時常有知心對談的經驗　長大會發展出多元博大的心胸（兌
110110+大有111101）

31. 履是獨立擇路　大壯是進取攻伐

小時需要獨立選擇的環境　長大會演化出創業進取的特質（履
110111+大壯111100）

12. 細節與糾纏（小過=001100）

　　細節裡的世界和銀河一樣大　只要我們願意仔細去探索

　　時間的最小是剎那　空間的最小是須彌芥子　都是小過

　　最小的經過

　　有時因為太小了　看起來像沒有動　像在原點上糾纏不清

　　所以事物的細節　時空的糾纏　就是小過

1. 剝是最微末的點　旅是行遠

　　在剝點上行遠　糾纏在微末的細節處　就是小過（剝000001+旅

　　001101）

2. 比是連比親比　咸是最微細的感性
   把心放在微感的世界　連比它們　統領它們的細節　就是小過
   （比000010+咸001110）

3. 觀是觀想　遯是退後　是隱形
   觀想可以很遙遠　退後的觀想是往內觀心　觀自己　是止觀　看
   到細節裡隱形的自己
   讓被觀者不知　叫窺觀　往往可以觀到真相與細節（觀000011+
   遯001111）

4. 豫是輕鬆快樂的心　謙是求眾生公平的心　是最重的負擔
   輕豫的細節是一顆謙虛願意的心　求公平的細節是讓每一顆心都
   享有快樂自由（豫000100+謙001000）

5. 晉是唯一的太陽　艮是相安的山
   獨明的細節是重山的隔絕　而相安的細節是有獨立的標準（晉
   000101+艮001001）

6. 萃是聚多與結晶　蹇是阻隔的護城河
   結晶聚合的細節中有蹇阻的閾值　而維穩的細節是穩定的位階與
   倫理秩序（萃000110+蹇001010）

7. 否是否定與凍結　漸是演化與發展
   小過是最靜的動　是凍結中的演化　否定中的發展（否000111+
   漸001011）

8. 師是兵法訓練　恆是長久不變的法則
   兵法不變的法則是細算的能力　有了細算才能常勝
   恆的堅持久遠與小過的細微剎那是相抗的兵法（師010000+恆
   011100）

9. 蒙是充滿疑問　鼎是高明與創新

答與問的細節可以創新管理　而高明的內涵是讓人看不清楚　是適度扭曲與似是而非（蒙010001+鼎011101）

10. 坎是交錯的直線　大過是不凡與超越

不凡的細節是可以超越交錯或多維的問題　糾纏力與超越力相坎

大過的難處是變小　小過的難處是變大（坎010010+大過011110）

11. 渙是傳播與擴散　姤是遇合與共生

病毒的傳播細節在感染宿主與共生　萬物共生的細節是各憑本事的擴散（渙010011+姤011111）

12. 解是解開　升是升華

解開仇怨的細節是升華心的高度　升華的細節是解開塵俗的程度（解010100+升011000）

13. 未濟是不滿意　蠱是比賽與挑戰

不滿意的細節裡永遠有挑戰更強的想法　蠱戰的糾纏不清是因為沒有完美的必勝技（未濟010101+蠱011001）

14. 困是四方受圍　井是上下相通

不困則通　不通則困　但是在細節處研究　困與井互為彼此的細節

困而後知井通　井而後知所困　一困造萬井　一井造萬困　萬物在困井之間糾纏不清（困010110+井011010）

15. 訟是不相容的矛盾　巽是寬鬆與相容

訟的細節在不夠寬鬆　巽的細節在包容矛盾

排除了訟爭就是巽的內涵　排除了巽就是相訟的內涵（訟010111+巽011011）

16. 復是還原　豐是放大

放大可以還原事物的細節　放大的細節也是一種還原

小過是注意細小　正是放大的還原　還原的放大（復100000+豐101100）

17. 頤是一個會輪轉的大圓　是新陳代謝　離是兩個相並列的小圓　是細胞的分裂繁殖

小過是一個大圓變兩個小圓時交疊的界面

生態鏈的細節是繁殖　是細胞分裂　分裂繁殖的細節是周而復始的新陳代謝（頤100001+離101101）

18. 屯是自我盤旋　革是製造改變

盤旋的細節是動與靜的相革　改變的細節是異與同的盤旋（屯100010+革101110）

19. 益是幫忙的善良　同人是化同你我

小過是仔細與溫柔　與善良化同

幫忙的細節在將心比心　同人的細節在共利共害（益100011+同人101111）

20. 震是來回波動　是氣韻　明夷是偽裝欺騙　是隱藏真相

細節真相與偽裝假相彼此相震

波動與氣韻的細節在化明為晦　真假不分　萬物隱藏自己的細節在同步的波動中（震100100+明夷101000）

21. 噬嗑是碎裂食物來幫助吸收　是修錯　賁是描邊定形來幫助美麗　是美化

修錯的細節在美化正確　美化的細節在修剪醜點（噬100101+賁101001）

22. 隨是跟隨前者　既濟是滿足現在

隨者不過　小過是微小的超過　與跟隨是鏡射的關係

隨者慢一點　小過者快一點

既濟是用慢一點與快一點調和可以接受的狀態（隨100110+既濟
101010）

23. 無妄是無常的天　家人是完美的組合

面對無常的命運　用小過的心研究它　無常會變成最美的家人

無常是驚喜的天使　自由的詩歌　糾纏的親情（無妄100111+家
人101011）

24. 臨是登上講台　大壯是征服天下

臨是每天的大壯　大壯是一次征服一個舞台的一生（臨110000+
大壯111100）

25. 損是簡化　大有是博大多元

簡化的細節在整理心中的多元　多元的細節在使用最簡化的工具

譬如易卦（損110001+大有111101）

26. 節是分節後的細節　夬是最開始的細節

在分節的四季　交錯的節點是小過　像立秋　結束了夏天　啟動
的秋天

小過是在節點上的結束與啟動（節110010+夬111110）

27. 中孚是沒有細節的相信　乾是抗逆的鬥志　小過是只相信細節

相信或不相信相抗逆　有無細節也相抗逆　無論對象是誰　都充
滿有趣的細節（中孚110011+乾111111）

28. 歸妹的細節是割捨現在　泰的細節是有無的交換

小過是無法割捨的現在　是與現在的糾纏不休

所以小過的用泰是迎向未來　不再糾纏現在（歸妹110100+泰
111000）

29. 睽是分別心　大畜是最大的累積與記憶

最大的累積與最小的細節相對

分別的智慧既要小的細節也要大的記憶庫　辨別力發展到了細節

處等同發現了大的記憶庫（睽110101＋大畜111001）

30. 兌是開心對談　需是心有所求

兌談的細節是相需求的雙方　慾望的細節是需要與不需要的對談

（兌110110＋需111010）

31. 履是選擇命運　小畜是靈感與突變

選擇命運的細節是靈感　靈感的細節是心自由的選擇

命運是一步步走出來的　用魔鬼的細節　天使的靈感

履與小畜卦相綜　小過是突變與天擇的界面（履110111＋小畜

111011）

可以群運算的 **易經**：當牛頓遇到周公

13. 行遠與近明（旅=001101）

　　人生是一場很長遠的旅行　身體的移動　還有心的閱讀
　　身體行遠的目的是去看風景　去探訪親友
　　還有心旅大量的閱讀　目的是近明　發現眞善美

1. 剝是剝壞　是結局　小過是細節　是糾纏
   在細節裡行遠　在結局時近明　就是旅
   離開了剝壞與糾纏　就是行旅的開始（剝000001+小過001100）
2. 比是拉近彼此的距離　遯是退開與離遠
   旅是一邊離遠無聊　一邊拉近美好（比000010+遯001111）
3. 觀是觀想遙遠　咸是感受親近
   旅是一邊觀遠　一邊感受親近（觀000011+咸001110）

4. 豫是自由輕行　艮是靜默孤獨

　　旅是在安靜的題目上輕鬆豫想　在輕快哼歌時享受孤獨　是孤獨的自由之行（豫000100+艮001001）

5. 晉是高高在上的太陽　謙是低伏在下的大海

　　海用白雲旅向太陽　太陽用落霞旅向大海

　　旅是太陽與大海的互訪　是從高傲到謙卑的心旅（晉000101+謙001000）

6. 萃是結晶與聚集　漸是演化

　　旅是一種過程　由少聚多由亂而結晶　是萃的過程

　　旅也是一種成就　由冒險而安定　是漸的成就（萃000110+漸001011）

7. 否是否定　蹇是阻隔

　　否定了阻隔　就出現了旅通　阻隔了否定　就暢遊了肯定（否000111+蹇001010）

8. 師是訓練服從的兵士　鼎是營造創新的文明

　　訓練的旅成就壯盛的軍容　鼎新的旅成就高度的文明

　　旅是學習的行軍　青出於藍的技藝（師010000+鼎011101）

9. 蒙是模糊的問答　恆是長久的不變

　　長久的問答是行遠　不變的模糊是近明（蒙010001+恆011100）

10. 坎是交錯的維　姤是遇合的緣

　　旅在交錯後行遠　在緣遇後馴化共生　可遠可近的交換就是旅（坎010010+姤011111）

11. 渙是逍遙與擴散　大過是不凡與極端

　　旅是用逍遙的身心　尋找不凡的美麗

　　也用不凡的自我　尋找流浪的星空（渙010011+大過011110）

12. 解是解開心結　蠱是挑戰的擂台

　　解開心結的過程可以一輩子或一念之間　挑戰自己也是

　　解放的心可以行遠　挑戰的情可以親切（解010100＋蠱011001）

13. 未濟是守缺與不滿足　升是由實升虛

　　心在虛實之間旅行　不滿足是有缺求實之旅

　　內空爲缺　外空爲升　空的內外輪轉是求空之旅（未濟010101＋

　　升011000）

14. 困是合圍不通　巽是樹梢上的微風　自由的搖晃

　　困是求最小範圍之旅　巽是沒範圍的閒散之旅

　　心在範圍的有無間旅行（困010110＋巽011011）

15. 訟是矛盾與相爭　井是流通的水

　　訟之旅得相對的眞理　井之旅穿隧而通天地

　　眞理之旅起於訟而通乎天地（訟010111＋井011010）

16. 復是還原之旅　離是複製繁多之旅

　　心在生生不息與還原之間行旅（復100000＋離101101）

17. 頤是轉輪的生態圈　豐是放大的光影

　　生滅輪轉之旅無所不在　光之旅近乎永恆

　　旅是尋找無所不在與永恆的總合（頤100001＋豐101100）

18. 屯是盤旋的天體　同人是化同

　　盤旋是動靜之旅　同人是去異求同之旅

　　旅是在動靜中求同　在求同中盤旋（屯100010＋同人101111）

19. 益是加1的旅　革是去舊的旅

　　旅是不斷加1的去舊　也是不斷去舊的加1（益100011＋革

　　101110）

20. 震是來回的波　賁是定形的美

波動是上下共鳴的旅　賁是最終定形的旅

旅是尋找共鳴與尚未定形的美　也是尋找最美的韻（震100100+賁101001）

21. 噬嗑是修正的旅　明夷是偽裝的旅

旅是說謊之後不斷圓謊的過程　也是處罰後不斷消失的良知（噬100101+明夷101000）

22. 隨是跟隨前者　家人是組合美麗

跟隨是前後共旅　家人是相惜之旅　是最長的跟隨　最美的伴旅（隨100110+101011）

23. 無妄是無常的旅　既濟是調和之旅

旅是人工智能中的　alpha GO zero　沒有經驗的框架　變成最強的棋手

無妄是未知的方向　既濟是已知已足的方向　旅是心在兩種方向的轉換（無妄100111+既濟101010）

24. 臨是身心的到臨　大有是最大的異化

臨是登台之旅　大有是多元之旅

旅是心在時空中多元的表演　也是親近多元的異世界（臨110000+大有111101）

25. 損是減1與簡化之旅　大壯是用強之旅

旅是用力減1的過程　也是把用壯變成用易的道（損110001+大壯111100）

26. 節是縮節之旅　乾是抗逆之旅

旅的行遠抗逆縮節　節是反向的旅　向小而美的行旅（節110010+乾111111）

27. 中孚是最遙遠的相信　夬是最緊密的爆發

旅是把遙遠變為緊密的過程　從最初到最後的經過（中孚
110011＋夬111110）

28. 歸妹是歸依未來　大畜是記憶過去
旅是回憶過去與幻想未來的總合（歸妹110100＋大畜111001）

29. 睽是分辨的心　泰是順泰的生意
分辨之旅讓心創造對稱之美　是一句諺語
滾動的石頭不生苔　意思是好旅者三心二意不聚財（睽110101＋
泰111000）

30. 兌是對談之旅　小畜是積小質變之旅
心與心的對談是累積靈感的過程（兌110110＋小畜111011）

31. 履是擇道之旅　需是慾求之旅
履求安而獨行　旅結伴去探險　旅與履相需相求（履110111＋需
111010）

14. 感性與變化率（咸=001110）

萬物皆有感性　葉子趨光　花草需水　皮肉怕痛　異性相吸
都是感性

石頭也有感性　譬如它能感應重力　會往低處滾

感性有強弱之分　拇指的感性強　背肌的感性弱

觸覺是對壓力的變化率發生感應

覺察變化率大　相對的感性也大

在數學上aX+bY=c我們稱a/-b某線段的斜率

或a, b某變數前的參數

所以變化率或感性是我們觀察世界的核心指標

也是生命最依靠的能力

1. 剝是剝壞　遯是隱退

咸是剝壞的速率　隱退也有它的速率

咸也是隱退的剝壞　是發現與感應的開始　也是剝壞的倒退　感性的進場（剝000001+遯001111）

2. 比是對比　比率　小過是最小的經過

咸是變化前後的對比　是變與不變的比率　更是在最小時間差的變化率　是微分數學的斜率（比000010+小過001100）

3. 觀是觀我生　旅是行遠與求明

觀的一念一感累積了心旅　心旅即是觀的人生　旅的剎那產生感性與感動的觀（觀000011+旅001101）

4. 豫是流動的電流　蹇是阻擋電流的電阻

咸是感應圈上的電磁波　可察覺流通與阻擋間微妙的變化（豫000100+蹇001010）

5. 晉是上升的太陽　漸是最慢的演進

咸是察覺漸升的亮光　也是視覺世界最微細的演進（晉000101+漸001011）

6. 萃是萃取有用的而篩除無用的　謙是求平均的除法

咸是求斜率的除法　三者都用到除法的運算

咸也是謙平中萃取精華的能力（萃000110+謙001000）

7. 否是否定與無交換　艮是絕情與無感

無感的否定就是感性的產生（否000111+艮001001）

8. 師是服從平凡的律　大過是超越與不凡

咸是從平凡到不凡的變化率（師010000+大過011110）

9. 蒙是模糊不清　姤是不知不覺的共生

敏感的感官可以保護生命的周全　但是健全的生命需要敏感與模糊的共生（蒙010001+姤011111）

10. 坎是交錯的方向　恆是長久不變

    咸是微分的剎那　恆是積分的時段　咸與恆是觀察萬物變與不變性的交坎（坎010010＋恆011100）

11. 渙是渙散的山洪　鼎是治理後的盛世

    咸是從渙散到治理的變化率（渙010011＋鼎011101）

12. 解是解開壓力　井是打通阻隔

    咸可以感受壓力的變化　通阻的有無

    感性是一種理解力與相通力（解010100＋井011010）

13. 未濟是發現不足　巽是寬大與鬆軟

    要填滿巽的意圖會永遠發現不足　咸是飢餓的胃用它的寬鬆等待食物

    守缺待續與納寬兼容間存在感性的覺察（未濟010101＋巽011011）

14. 困是給一個最小的範圍　升是超越範圍

    咸是由困變升的速度　也是極小範圍內爬升的梯度（困010110＋升011000）

15. 訟是矛盾與相爭　蠱是比賽與淘汰

    咸是把感官訊息整合形成意義的心智　也是把矛盾迅速淘汰的覺知（訟010111＋蠱011001）

16. 復是還原的努力　革是除舊的決心

    咸是感受還原與革變的差別　也是不斷還原與革變累積的感變性（復100000＋革101110）

17. 頤是相養的輪轉圈　同人是化同

    咸在化同的世界鈍化　在顛頤拂經的世界找到營養　化同是產生感覺的顛倒（頤100001＋同人101111）

18. 屯是平衡的動靜　豐是放大的光
    咸是從平衡到放大的速率　也是微感的生命與放大的訊息間微妙
    的平衡（屯100010+豐101100）

19. 益是加1的施給　離是分2的相映
    咸是感受1與2的變化　感受與施給是兩種相映的美麗（益
    100011+離101101）

20. 震是合鳴的聲波　既濟是調和的滿足
    咸是調頻的機器　只聽取相調和的共頻聲波
    調和的心境會麻醉感性　共鳴則會延伸感性（震100100+既濟
    101010）

21. 噬嗑可以濾過毒害與錯誤　家人是交響樂團
    咸可以感知病痛與美好　在引導生命趨吉避凶上　噬的除錯與咸
    的取美是一家人（噬100101+家人101011）

22. 隨是跟隨前者　明夷是暗藏眞相
    跟隨是一種不易覺察的感性　其實跟隨是無所不在的感性　是生
    命用模仿來保護自己的感性
    而微妙的變化藏在相隨的前與後（隨100110+明夷101000）

23. 無妄是無常與亂數的世界　賁是定形後的美麗
    咸是從無常看到定形的能力　也是從定形覺察無常的覺知（無妄
    100111+賁101001）

24. 臨是最親近的距離　夬是最快的刹那
    咸的世界在最臨近的刹那　是生命最敏感的爆發（臨110000+夬
    111110）

25. 損是減1與簡化　乾是抗逆的一切
    感性是減法的運算　發現兩點之間的訊號差

損減了陽剛與抗逆　剩下的溫柔與順從　就是感性生命等待萬物的呼喚（損110001+乾111111）

26. 節是縮節的自己　大壯是氣壯的自己
咸是敏感的自己　縮節增加敏感的細度　氣壯增加敏感的強度（節110010+大壯111100）

27. 中孚是唯一的互信　大有是繁多的認識
咸利用維度與參數的變換　悠遊於唯一與繁多之間
感性的長短與多樣介於一生與剎那之間（中孚110011+大有111101）

28. 歸妹的割捨是祝福　需的所求是愛慾
感性中的祝福與愛慾把生命推進神魔相爭的世界
感性的歸一是愛的相需（歸妹110100+需111011）

29. 睽是耳目聰明　小畜是靈感與突變
靈感也是感性　突變也有變化率　但是小畜不是咸
咸是累積的耳目聰明　是不同於靈感的日常感知（睽110101+小畜111011）

30. 兌是開誠相談　泰是生意興旺
兌談的理性與咸的感性可以交換　形成興旺的生意（兌110110+泰111000）

31. 履是一步步的選擇　大畜是最大的集合
從一個參數到一個矩陣　都是咸世界　是變化率的集合（履110111+大畜111001）

15. 退逃與隱藏（遯=OO1111）

　　退是進的相反　　逃是攻擊的相反　　隱藏是出現的相反

　　退逃是生存重要的技巧　　隱藏是深潛的龍　　是不分享的寶藏

　　從苟活的退逃到無法窺視的隱藏　　都是遯卦的能量

1. 剝是剝壞　　咸是覺察感知

   覺察剝壞後　　就形成遯的退與隱（剝000001+咸001110）

2. 比是類比　　是心串連符號的世界　　旅是行遠　　是萬物生滅的過程

   遯是無形的旅　　是心的串連之旅　　由冗長的過程變出一個口號

   一個意義

   親比與遠旅是方向相反的遯逃（比000010+旅001101）

3. 觀是遠觀　　小過是細節與糾纏

細節在遠觀時隱藏　遠觀在細節中退化（觀000011＋小過001100）

4. 豫是自由行　漸是計劃中的前進

    自由在計劃中退化　計劃在自由中退藏（豫000100＋漸001011）

5. 晉是普世的明　蹇是遮蔽

    隱形是對光明的遮蔽　光明是對遮蔽的隱遯（晉000101＋蹇001010）

6. 萃是犧牲個體成就結晶般的群體　艮是堅持個體的獨立自主

    求萃者看不見艮獨　求艮者看不見萃體（萃000110＋艮001001）

7. 否是否定　謙是求均與公正

    退逃求顧全一己　是謙道的否定

    否絕與兼顧是彼此的退逃（否000111＋謙001000）

8. 師是作戰與訓練　姤是共生與結合

    作戰是被隱形的共生　共生是被隱形的作戰（師010000＋姤011111）

9. 蒙是看不清楚　大過是極端值

    看不清楚的極端就是隱形　是讓人盲目的隱形世界（蒙010001＋大過011110）

10. 坎是交錯的路　鼎是從政之路

    遯是隱居之路　鼎與遯兩路交坎（坎010010＋鼎011101）

11. 渙是擴散中的宇宙　恆是長久不變

    擴散是亂度的恆增　是萬物彼此退逃的總合（渙010011＋恆011100）

12. 解是解開套索　巽是鬆開僵直

    退逃者要先解套　再鬆開堅持（解010100＋巽011011）

13. 未濟是守缺持戒　井是開井濟人
　　遯是出家入空門　修道之路要持戒與濟人（未濟010101+井
　　011010）

14. 困是合圍　蠱是賽局
　　像圍棋　退逃與合圍之間決定勝負的賽局（困010110+蠱
　　011001）

15. 訟是相斥的萬物　升是擁抱更大的空
　　退逃一方面來自相訟的斥力　一方面來自需要更大的空
　　心用提升高度來退出相爭與矛盾（訟010111+升011000）

16. 復是還原　同人是化同
　　還原是隱藏過去　也是退回原點　所以退隱化同還原
　　化同可以藏異　隱藏是初始的化同　化同的初始（復100000+同
　　人101111）

17. 頤是輪轉的因果　革是除去過去
　　隱藏了因果循環　等同除去了過去的連結
　　隱藏了時時革變的觀察　等同悟出輪迴的因果
　　遯入空門就是革除頤的輪迴（頤100001+革101110）

18. 屯是盤旋的天地萬物　離是相映
　　遯是一切不可知不可見的總和　與可知可見的天地萬物相映離
　　（屯100010+離101101）

19. 益是加1與幫助　豐是放大的光明
　　放大的光讓人看不見白天的北斗星　所以豐幫助了遯
　　適時的退可以幫助豐收　所以遯也幫助了豐（益100011+豐
　　101100）

20. 震是大聲的共鳴　家人是組合美麗

可大可藏的聲音組合最美的音韻（震100100+家人101011）

21. 噬嗑是用刑修錯　既濟是調和與滿意
    遯是無爲而治　調和的政治要用法也要用無爲放任（噬100101+
    既濟101010）

22. 隨是跟隨　賁是定形
    跟隨隱藏創新　定形隱藏變形　心用跟隨與定形隱藏求新求變的
    衝動
    每個美化的故事裡隱藏著抄襲的思想　每個模仿的動作隱藏著美
    化的心情（隨100110+賁101001）

23. 無妄是無常的未來　明夷是假相的現在
    遯是退回消失的過去　心的退逃運算結果可歸三類
    不可預期的無妄　不可相信的明夷　只剩隱約記得的過去
    天意藏眞故無妄　人心藏眞故明夷　無妄與明夷的共焦是遯隱
    （無妄100111+明夷101000）

24. 臨是登上舞台　乾是抗逆
    登上舞台的抗逆　是退下與隱藏形蹤（臨110000+乾111111）

25. 損是簡化　夬是啟動
    損己利人是隱藏自己的慾求　快速啟動與隱藏偷懶
    隱藏是快速地簡化自己　也是減少興風作浪的心意
    遯與夬相損（損110001+夬111110）

26. 節是縮節　大有是多元
    節的世界隱藏著大有的多元　大有的世界隱藏著迷人的情節
    節的展開即是大有的退後　大有的展開也是節的退場（節
    110010+大有111101）

27. 中孚是共信同心　大壯是最大的進取

遯是最肥的退場　大進與大退維持同心共信　一如人與神的互信
藏著大進大退（中孚110011+大壯111100）

28. 歸妹爲了未來準備現在　是祝福　小畜爲了質變累積量變　是靈感

歸妹把未來隱藏在現在　小畜把突變隱藏在累積

未來其實就是隱藏的現在　質變是隱藏的量變

祝福或靈感是兩個玩躲貓貓的天使（歸妹110100+小畜111011）

29. 睽是看得見分得清楚　需是有所缺少

缺少了睽明就是遯隱　缺少了遯隱就是睽明

需是一個瘦子　遯是胖子　胖瘦的分別是睽明（睽110101+需111010）

30. 兌是不斷延伸的碎形　大畜是最大的記憶

碎形的世界隱藏著最大的記憶　最大的記憶隱藏著無限延伸的對談

兌是不斷交集的運算　大畜是不斷聯集的運算　兩者是相退的運算（兌110110+大畜111001）

31. 履是擇路而行　泰是順勢而爲

遯是退逃與隱藏　人生的常勝要在有形的方法中藏著無形的奧義

在無形的心法中收割有形的成就

履道與遯逃是天命最旺的交換（履110111+泰111000）

16. 訓練與作戰（師=010000）

生存需要作戰　作戰需要訓練
訓練是反復的操練　是持續的教導與學習　是用一訓練一萬
讓一萬服從於一
當作戰來臨時　勝敵殺敵求生的兵法　紀律與命令的執行
都是師卦

1. 剝是剝壞與生存到最後　蒙是看不清楚與扭曲現實
　訓練的目的是結束不懂　也是不斷發現問題　不斷扭曲身心以求
　生存到最後（剝000001+蒙010001）

2. 比是連比與結盟　坎是交錯的路

　師是加強作戰的實力　外交結盟與作戰實力是護國的兩條路（比000010＋坎010010）

3. 觀是高遠之觀　渙是擴散成群

　練兵是用高遠的觀帶領擴散的群眾　也是用擴散的時間學習更強的觀念（觀000011＋渙010011）

4. 豫是快速的行動　解是精準的神射

　作戰要訓練快速行動與精準打擊的本事（豫000100＋解010100）

5. 晉是標竿學習　未濟是不滿足

　生活的作戰是永不滿足的學習　要作自己更高明的標竿（晉000101＋未濟010101）

6. 萃是聚集兵力　困是合圍

　兵法的強弱在如何最快聚集多數與對敵人合圍　也是聚焦打擊與令對手窒息的戰力（萃000110＋困010110）

7. 否是否定與死亡　訟是相爭

　師是存亡之術　是與病弱死亡的相爭　也是對持久相爭作一次性否定的行動（否000111＋訟010111）

8. 謙是以高求低　升是以實求虛

　謙與升的方向不同　所以謙道與升道相作戰

　而謙道的升華是師道　因為謙虛的心讓人願意接受訓練願意作戰犧牲（謙001000＋升011000）

9. 艮是獨立的主權　是相安不擾　蠱是比賽淘汰

　獨立的主權依靠不斷地練兵與比賽淘汰

　人生從相安到相爭　充滿生活的兵法

　絕情與競賽是訓練自己的要素（艮001001＋蠱011001）

10. 蹇是盾護與阻隔　井是溝通與分享
作戰要提供盾阻防護與源源不絕後勤溝通（蹇001010+井011010）

11. 漸是有計劃的前進　巽是最大的延伸
計劃的詳細度與可變通的柔軟度決定兵法的優劣（漸001011+巽011011）

12. 小過是在細節處糾纏　恆是在遠大處求恆
兵法的強弱　多算者勝　堅持長久者勝（小過001100+恆011100）

13. 旅是行遠　鼎是創新高明
善戰者用創新勝老舊　用行遠勝僵化（旅001101+鼎011101）

14. 咸是覺察力　大過是不凡的奇計
善戰者覺察敏銳　智謀不凡（咸001110+大過011110）

15. 遯是退逃與隱藏　姤是遇合與共生
善戰者善留退逃之路　有隱藏之能　也有以慢制快先共生再取代的胸懷（遯001111+姤011111）

16. 復是還原　臨是上台表演　君臨天下
善戰者善於休復整復　也能親臨戰陣　與士卒同進出（復100000+臨110000）

17. 頤是輪轉的養生圈　損是簡化的自己
練兵是用簡化的個人組成最大的生養圈（頤100001+損110001）

18. 屯是盤旋而進　節是分節而通
屯是離心力與向心力的作戰　節是線段與節點的作戰　兵法是平衡的動靜與節韻的斷續（屯100010+節110010）

19. 益是合作幫忙　中孚是同袍之義

善戰者善得天地人的幫助　善養同仇敵愾的袍義（益100011+中孚110011）

20. 震是反復來回的波動　歸妹是和親之策
　　善戰者善用震懾之波　善使和親之計（震100100+歸妹110100）

21. 噬嗑是用刑修錯　睽是分別敵我
　　善戰者善修己錯　善明強弱（噬100101+睽110101）

22. 隨是跟隨　兌是和談
　　師道是用堅強的實力作後盾　促成和談的跟隨（隨100110+兌110110）

23. 無妄是天意的腳步　履是人智的腳步
　　師道是天意與人智的戰與和（無妄100111+履110111）

24. 明夷是詭計與欺敵　泰是常勝的經營
　　師道的常勝在用計與欺敵（明夷101000+泰111000）

25. 賁是說美麗的故事　大畜是大數的記錄
　　兵道不一定見刀槍　建制勝戰的故事與善用大數分析　才是必勝的戰法
　　說故事的能力的大積可以成爲勝戰的元素（賁101001+大畜111001）

26. 既濟是戰備完整　需是大缺所需
　　善戰者以自己的既濟　攻敵的大需　以有餘勝有缺（既濟101010+需111010）

27. 家人是組合團隊　小畜是積多而變
　　師道日日苦練　積練變強　與小畜的積變是一家人
　　師道治軍如治家　軍隊是更大的家人　生死相守的團隊（家人101011+小畜111011）

28. 豐是放大的光　大壯是進攻

　　師道兵凶不祥　然而師老則弱　不進則退　故練兵要常豐其功業

　　有守有攻（豐101100＋大壯111100）

29. 離是相映與複製　大有容異多元

　　師道以一律貫萬軍　與多元的百姓生活相離映

　　善戰者善於複製繁多　戰法多元　詭異難測（離101101＋大有
　　111101）

30. 革是變新除舊　夬是快速啟動

　　善戰者快速變革　兼有爆發力與革新的決心（革101110＋夬
　　111110）

31. 同人化同萬物　乾勝天抗逆之心

　　師道先勝己　再勝敵　先勝人再勝天　故與乾卦化同

　　師道備戰求勝　心中有敵我之分　有強弱之觀　故與同人相逆

　　（同人101111＋乾111111）

17. 模糊與扭曲（蒙＝〇1〇〇〇1）

心在問答中成長　疑問是心找到模糊　答案是心扭曲了問題
所以模糊與扭曲是心的左右手　不斷地問與答來製造模糊與扭曲
是或不是　是清楚的回答　但是可是或許是　是模糊的回答
模糊的回答容易接近事實　清楚的回答容易扭曲了真相
量子物理說天地萬物都是蒙體　都存在於或是或不是
或有或沒有的中間態
蒙的世界沒有最大或最小　只有不大不小　沒有絕對絕不對
只有或許對

1. 剝是剝壞與結局　師是唯一的紀律與不斷的訓練
   剝壞的紀律就是模糊的是非　訓練的結局就是強弱的扭曲（剝000001+師010000）

2. 比是串連結盟　渙是渙散離散
   比用領導治理來扭曲　渙用無秩序去扭曲　比與渙是彼此的扭曲（比000010+渙010011）

3. 觀是心景的攝錄　坎是交錯的維度
   蒙是模糊化　觀錄與模糊是交坎的心路　觀景的坎疊造成蒙的模糊（觀000011+坎010010）

4. 豫是自由的誤差　未濟是無限的未知
   誤差與未知製造糊塗　無限自由製造扭曲（豫000100+未濟010101）

5. 晉是普世的光明　解是解決
   晉用光明解決蒙蔽不清　晉的崩解就是蒙世界的來臨（晉000101+解010100）

6. 萃是秩序清楚的聚化　訟是矛盾與相排斥
   聚化與相斥彼此扭曲　秩序與矛盾彼此蒙蔽　而模糊與晶瑩剔透相矛盾（萃000110+訟010111）

7. 否是否定與反集合　困是最緊迫的界定
   否定了界定就是模糊　有界定的反對就是扭曲（否000111+困010110）

8. 謙是兼顧上下的公平　蠱是比賽求勝的心
   謙道有上下不清的模糊　蠱道有勝負不清的模糊
   公平是優勝傑出的模糊　優勝也是公平的模糊（謙001000+蠱011001）

9. 艮是用高與遠來阻隔　升是用高與遠來自由

   高與遠同時製造了阻隔與自由　萬物在阻隔與自由間形成蒙的系統

   艮是相安　升是漸增的亂度

   相安於漸增的亂度是蒙的美與浪漫

   艮是界線分明　升是維度的提升

   模糊是界線分明的升維　模糊是升維後的界線分明（艮001001+升011000）

10. 蹇是護城的河　巽是鬆軟與寬容

    蹇的既阻擋又保護是應用的蒙　巽的既寬與柔軟是性質的蒙

    模糊的心既寬又柔　既阻外又護內（蹇001010+巽011011）

11. 漸是逐漸的轉化　井是挖通養生的水源

    轉化製造了前後的模糊　通井模糊了水的來源與循環

    漸是遠征的移民　井是長守家鄉的水源

    萬物的既漸又井形成生命故事的可愛模糊（漸001011+井011010）

12. 小過是蒙蔽大局的細節　鼎是蒙蔽凡俗的高明

    細節是模糊過後的創新　創新是模糊過後的細節（小過001100+鼎011101）

13. 旅是尋找美景來安住　恆是累積最長的時間

    恆久的旅重疊了美景與安住的身心　產生了模糊不清

    所以時間的重疊是蒙　空間與美麗的重疊也是蒙（旅001101+恆011100）

14. 咸是剎那的感知　姤是一生的共命

    太頻繁的感知會產生蒙　太慢長無知覺的共生也會

或長或短是蒙　不長不短也是蒙　長與短也互蒙（咸001110+逅011111）

15. 遯是隱藏　大過是不凡

隱藏是對外最大的蒙　不凡是對平凡最極端的扭曲

最大的扭曲是隱藏　超越隱藏是若隱若現　是蒙暈　是金剛不壞的或許（遯001111+大過011110）

16. 復是還原　損是簡化

簡化的還原是複雜　是看不清與扭曲　還原的簡化是復歸模糊扭曲（復100000+損110001）

17. 頤是經常的顛倒　是循環的圓　是生態圈　臨是親臨的表演

頤是不死的輪迴　臨是最大的活出

頤是靈的生命　臨是每一刻的活著　活著兩種命的我們　都是蒙的生命（頤100001+臨110000）

18. 屯是自旋與盤旋　中孚是同心的繞圓

蒙是萬物相旋相繞的關係　時而相繞共舞　時而同心平行（屯100010+中孚110011）

19. 益是幫忙與受益　節是分節與延續

益世界的模糊是施與受的難分　節世界的扭曲是縮短與延長的模糊（益100011+節110010）

20. 震是上下波動　睽是看分明

模糊是上下波動的分明　也是睽孤難分的波韻世界　是介於1與2之間的世界（震100100+睽110101）

21. 噬嗑是修錯　歸妹是歸一與祝福

修錯與祝福都能帶來正確的後果　但方法卻相扭曲　一如讚美與處罰的關係（噬100101+歸妹110100）

22. 隨是跟隨　履是擇自己的路
　　跟隨也有選擇　擇履也有跟隨　說不清楚的道理才是眞理（隨
　　100110+履110111）

23. 無妄是天意無常　兌是人意無定
　　無常也是有常　無定也有共識　天意與人意都呈現巨大的模糊
　　在碎形的世界　無限延伸的重複幾何圖形　多半是我們有限視覺
　　看不到的蒙　與猜不準的無妄（無妄100111+兌110110）

24. 明夷是藏明僞裝　大畜是最大的收集
　　明夷是對外的蒙　卻是對內的不蒙　所以蒙是內外皆藏的大集合
　　蒙是一切眞與假的總合（明夷101000+大畜111001）

25. 賁是定形的美　泰是常勝的生意
　　用蒙來畫圖　是抽象畫　用賁來說蒙　是科幻懸疑
　　都是用最大的交換來勝利（賁101001+泰111000）

26. 旣濟是調和滿意　小畜是靈感突變
　　旣濟的不確定性與難界定　本身就是一個蒙體　小畜的積與變
　　更是無法掌握
　　只有精修蒙的奧義　能在模糊中悠遊調和靈感的世界（旣濟
　　101010+小畜111011）

27. 家人是組合完美　需是有所求
　　完美的定義是不清楚的　慾求的世界相對模糊
　　或許有所需求　有所模糊　才是最接近的完美（家人101011+需
　　111010）

28. 豐是放大的光　大有是什麼都有
　　蒙是什麼都也許　是放大的大有　是光照與遮蔽的總合（豐
　　101100+大有111101）

29. 離是複製與抄襲　大壯是進取

　　蒙不喜歡離　喜歡浪漫與朦朧　所以彼此攻伐

　　日月相離映　夫妻相恩愛　扭曲後的離映與恩愛是日月相蝕與夫妻反目（離101101+大壯111100）

30. 革是改變過去　乾是抗逆未來

　　蒙是扭曲現在　三者共組時空能量的宇宙

　　革者不蒙　蒙者不革　彼此抗逆（革+乾）

31. 同人是化同萬物　夬是啟動未來

　　蒙是結束慣性的世界　所以蒙與夬化同彼此（同人101111+夬111110）

18. 交錯與相乘（坎＝010010）

線是一維　面是二維　體是三維　時空是四維

有意義的時空是五維

意義的累積變成智慧是N維

心智在維度中相乘　不同的意義與價值代表不同維度

維度的交錯是坎卦　產生相乘的運算

不同的心路交錯在十字路口　是彼此的阻擋　也是學習

易經的上卦與下卦就是坎

99乘法也是坎

語法中的「的」也是坎

1. 剝是最後與結束　渙是擴散與無限

   相交的線產生一個交點　幾何學中的原點　維度在原點上消失
   也在原點上擴散

   交錯的坎就在原點上創造與消失　維度也在原點上增減（剝
   000001+渙010011）

2. 比是外交親盟　師是練兵作戰

   比與師是強國的兩種維度

   比是用類比橫向串連雷同的語詞　師是用唯一的紀律貫穿直向的
   習慣

   類比與串連　紀律與習慣　是語言發展的兩種維度（比000010+
   師010000）

3. 觀是製造清楚的觀想世界　蒙是體驗模糊的是非真假

   清楚與模糊是真理的兩種維度（觀000011+蒙010001）

4. 豫是自由與誤差的世界　困是受困與界定的世界

   豫與困是交錯的價值觀（豫000100+困010110）

5. 晉是普世的標準　唯一的公理　是愛慕　訟是相斥的雙方　是彼
   此的矛盾　是仇恨

   晉世界與訟世界的交點　是凶險的十字路口　也是車水馬龍的港
   口（晉000101+訟010111）

6. 萃是聚多與結晶　解是崩解與解開

   結晶美化舊秩序　崩解結束舊秩序　結晶與崩解的交點是多維的
   新秩序（萃000110+解010100）

7. 否是否定　未濟是不滿足

   坎是否定與不滿足的交疊　不是肯定　也不是滿足　是無數次的
   否定　是否定後無數的再續

是宇宙中無法達到的絕對零度（否000111+未濟010101）

8. 謙是求廣的平等心　井是通路　是求深的一技之長

坎是求廣與求深的心交疊　是滿地的井　是不用挖深也有的井

是既深又廣的網路世界（謙001000+井011010）

9. 艮是隔絕的山　巽是捲在一起的風

坎是水乳交融　相安又相混的交融　既安又亂的交錯（艮001001+巽011011）

10. 蹇是穿上盔甲　升是裝上翅膀

坎是在厚重與身輕之間的運算（蹇001010+升011000）

11. 漸是演化而製造多元　蠱是淘汰而產生最強

坎是先漸後蠱　也是先蠱後漸　是物競與天擇的交錯（漸001011+蠱011001）

12. 小過是糾纏在細節中　大過是超越在不凡之上

坎是把平凡的細節變成不凡的超越　是勝過英雄的凡夫俗子（小過001100+大過011110）

13. 旅是時空的遠行　逅是共生與遇合

坎是用風流的念想過默默相守的一生　也是把愛的記憶放在心中海闊天空去旅行（旅001101+逅011111）

14. 咸是剎那間的感性　恆是久長不變的理性

坎是在感性中學習理性　在恆常中感受剎那（咸001110+恆011100）

15. 遯是退場與豐收　鼎是創新與經營

坎是用投資等待豐收與用經營創業的相乘（遯001111+鼎011101）

16. 復是重復與還原　節是分節與節點

節點與原點相同　都可製造多維

節點是先分後續　復是循環不停　所以四季在年歲中循環不停

坎則在原點上交錯　一如無數的路口可以連成循環不停的交通網

路（復100000+節110010）

17. 頤是一個大圓　中孚是許多同心圓

坎是用一個大圓貫穿許多同心圓　像甜甜圈　是圓與圓的相乘

是生命與靈命的交疊（頤100001+中孚110011）

18. 屯是動靜盤旋　臨是身到心到

坎是大膽登台與觀眾熱情盤旋　是淋漓盡致與平穩進退的兼有

（屯100101+臨110000）

19. 益是幫忙與感恩　損是簡化與克己

坎是展開幫忙合作的大格局　又簡約自守的美而廉人生（益

100011+損110001）

20. 震是上下振動　是無限擴散的波形　兌是心的對談　是不斷接近

的共識

坎是不停振動中的聚焦　是不斷談判中的波浪（震100100+兌

110110）

21. 噬嗑是修錯　履是擇道

人生沒有絕對的對錯　也沒有絕對正確的道

所以坎是學習相對的正確　在修正中選擇　在選擇中修正

選擇修正的順序　修正選擇的理由（噬100101+履110111）

22. 隨是跟隨讚美　歸妹是祝福捨離

坎是學習隨俗的捨離　祝福後的讚美

是隨歸殊途在用坎後的隨有歸與歸有隨（隨100110+歸妹

110100）

23. 無妄是無常的天意　睽是人智的分明

　　坎是在無常天意中盡人事的智慧　明辨無常天意中的有常（無妄100111+睽110101）

24. 明夷是藏明　需是有所求

　　坎是發現並製造隱藏的需求　學習需求中的眞實與幻覺（明夷101000+需111010）

25. 賁是美的定形　小畜是積與變的過程

　　坎是兼顧成熟的風格與創意的驚奇　追求形的完美與意的巧思（賁101001+小畜111011）

26. 旣濟是調和滿意　泰是我勝你敗

　　坎是有勝有敗的皆大歡喜　也是盈缺之間最暢快的調和（旣濟101010+泰111000）

27. 家人是完美的小組合　大畜是最大的集合

　　坎是在完美的家人中享有最大的幸福　是把全人類的歷史編入一部經書（家人101011+大畜111001）

28. 豐是放大的光明　夬是最快的啟動

　　坎是不停的爆炸與永續的膨脹　是事業上兼顧廣宣與精巧設計（豐101100+夬111110）

29. 離是相映複製　是大千世界　乾是抗逆與獨強　如詩如畫

　　坎是重疊與交錯　與相映複製相抗逆

　　坎是兼顧繁殖複製與抗逆習俗　是如詩如畫唯我獨尊的大千世界（離101101+乾111111）

30. 革是自我改革　大壯是征伐異弱

　　坎是兼顧內政改革與對外擴張　是既能隨時變形又能長遠攻擊的實力（革101110+大壯111100）

31. 同人是化同　大有是化異多元

　　坎是既能化同天地又能化異納多的心胸　能貫穿同異的垂直思維

　　（同人101111＋大有111101）

19. 擴散與傳染（渙=010011）

她問我

什麼是擴散與傳染

我輕答

擴散是用風把水氣送遠　一滴水的擴散變成一個颶風

生命的繁衍要擴散　病毒用傳染宿主強大自己

增加系統的亂度是熱力學的渙

從0與1開始到無限大是數學的渙

喜歡自由的行動　心性的逍遙不拘　是萬物皆渙

1. 剝是剝壞　坎是交錯

   失去了交錯　不再相交　可以是平行或離散的關係　就是渙

   坎如果是垂直思考　渙就是無限的平行思維（剝000001+坎010010）

2. 比是類比　蒙是看不清楚與扭曲

   渙是不再焦聚　所以類比蒙的看不清楚　是一種擴大時空產生的扭曲（比000010+蒙010001）

3. 觀是無界限的想像　師是有紀律的訓練

   渙是逍遙自由　在最嚴的軍紀下仍然保有最自由的思考

   在靜遠的觀想中　向自己傳染更強的價值觀

   在兵法的一貫中　從服從於一變成遠觀的巨風有一個中心眼（觀000011+師010000）

4. 豫是輕鬆獨行　訟是矛盾相斥

   擴散要傳染別人　所以與獨行矛盾　擴散可以消解相斥　找回輕鬆擴散是一種相訟力的自由發揮（豫000100+訟010111）

5. 晉是愛慕的光明　困是封閉的空間

   困者思渙　渙者思困　兩者相知相慕　一如群眾與巨星的關係

   晉是公論與標準　困是自我界定　渙是從界定的小我擴散成公論（晉000101+困010110）

6. 萃是類聚與結晶　未濟是不滿足

   萃世界排除渙的擴散　渙世界排除萃的凝聚　兩者互相不滿（萃000110+未濟010101）

7. 否是否定　解是解開連結

   渙是帶著連結再擴散　是解開的否境

   渙可以稀釋或擴散苦痛　是否的解開又擴散（否000111+解

010100）

8. 謙是謙下與求均　巽是鬆柔的風

謙是向下的擴散　巽是化解僵硬的擴散　渙是兼有謙與巽的擴散

是將心比心與尺度變寬後痛苦的消散（謙001000+巽011011）

9. 艮是相安於界限　井是開通水源

渙是由界限到開通　由相安到分享　也是打破隔絕

井是一技之長　渙是自由流浪　兩者相安於人生（艮001001+井

011010）

10. 蹇是阻隔與保護　蠱是求生存的比賽

渙是擴散與傳染　生命的健全需要阻隔細菌的擴散　病毒的傳染

是與病原攻防的比賽（蹇001010+蠱011001）

11. 漸是演化　升是升華

生命的演化過程要升階升華　就是不斷嘗試擴散與傳染（漸

001011+升011000）

12. 小過是細節中的發展　逅是久長的共生體

生命共生的關係包含擴散與傳染的漫長細節（小過001100+逅

011111）

13. 旅是遠行與近明　大過是不凡與超越　是事物的核心與棟樑

渙散之旅不同有計劃的旅　是生死存亡之旅　傳染不成功便成仁

是病原死亡的過程

渙的人生與大過的人生兩者相旅　一如人生中一時稀釋一時集中

的我（旅001101+大過011110）

14. 咸是敏銳感性　鼎是創新經營

渙是擴散的感性　也是稀釋的感性　感性的經營與創新像烹調美

味的擴散術

病原的傳染擴散正是先感染後經營

鼎新的最剎那是自由之心的渙　是逍遙的心靈（咸001110+鼎011101）

15. 遯是退逃與隱藏　恆是經常與長久

從經常的時空中退逃　就是擴散與另求生計（遯001111+恆011100）

16. 復是復原　中孚是相信

復是迷信的渙散　擴散後的初心是全相信　是神與人同心的宇宙

渙散的信仰與中孚的信仰相復原（復100000+中孚110011）

17. 頤是正反合一的圓　節是分節的世界

渙與節卦相綜　縮節變小與擴散變大正反合圓

四季在輪轉中擴散　大圓因為分節後擴散了氣韻（頤100001+節110010）

18. 屯是盤旋　損是減法

減去了平衡的盤旋　天體會失去了穩定　開始渙散

生命在穩定盤旋中簡單擴散（屯100010+損110001）

19. 益是加法　臨是接近

感染與擴散的細菌都是先接近　再用加法繁殖衆多

渙散是一種加值的接近（益100011+臨110000）

20. 震是上下波動　履是選擇自己的路

渙是群衆的路　獨履之路與渙之路彼此震動（震100100+履110111）

21. 噬嗑是修正錯誤　兌是對談共識

修錯之路與共識之路都有無窮的旅程　尋找正確與精確是另類的擴散之路（噬100101+兌110110）

22. 隨是跟隨　睽是分明的心
   渙是擴散與泛濫　沒有跟隨的秩序　所以大別於隨（隨100110+
   睽110101）

23. 無妄是無常的天　歸妹是祝福的人
   渙是流浪在天人之間　在無常中割捨與祝福（無妄100111+歸妹
   110100）

24. 明夷是藏明　小畜是突變
   藏明是細菌的騙術　小畜是細菌的求生術　用突變來躲過藥物
   成功的擴散需要騙術與求生術（明夷101000+小畜111011）

25. 賁是美麗的外形　需是無窮的慾望
   美麗與慾望都會自我擴散　也會相互擴散
   被定形的慾望　被需要的美麗　都會迅速擴散（賁101001+需
   111010）

26. 既濟是滿意　大畜是最大的富有
   滿意的擴散是積大富　大富的擴散是心滿意足
   散與積是需要調和的兩種特質（既濟101010+大畜111001）

27. 家人是組合　泰是交換
   組合與渙散是最大的交換　把美麗的團隊用擴散的推廣是賺錢與
   勝利的保證（家人101011+泰111000）

28. 豐是放大的自我　乾是抗逆
   渙是人生的漂流與暗黑的擴散　豐是放大而自戀的孔雀　渙與豐
   相抗逆（豐101100+乾111111）

29. 離是分裂與複製多元
   擴散中的萬物同時改變過去又發展多元（革101110+大有
   111101）

31. 同人是同化　大壯是進取

擴散是化同的征途　進取的統一之戰（同人101111+大壯111100）

20. 解放與理解（解=O1O1OO）

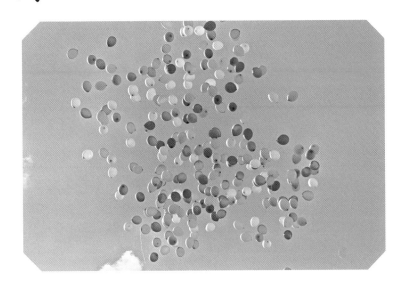

生命需要放開糾結　才能展開新頁

不好的關係或連結讓人生苦深　所以要解開它們　邁向美好

萬物用解還原複雜回歸單一純潔

心用理解諒解放開過去擁抱未來　都是解卦的能量

1. 剝是結束過去　未濟是迎接未來

   解的兩個面向是用剝結束過去　用未濟迎接未來（剝000001+未濟010101）

2. 比是橫向的連結　困是封圍

   解是去連結　把比連的關係困圍在過去

   解也是打開困局　用新的連結把困打開　所以比與困互解

   人生當用知困與解放相連比　王用三驅　有困有解　故可大盟天

下（比000010+困010110）

3. 觀是遠觀　訟是近斥
   遠觀的心可解近斥的訟　而近斥的爭論可解遠觀的偏差（觀
   000011+訟010111）

4. 豫是輕鬆容易　師是辛苦訓練
   解是從辛苦到輕鬆的過程　也是瞄準的訓練造就百發百中的容易
   （豫000100+師010000）

5. 晉是豔陽高照　蒙是看不清楚
   晉是蒙的解開　而太刺眼的晉也讓人盲目　所以蒙也解決晉的專
   橫（晉000101+蒙010001）

6. 萃是聚實與結晶　坎是換維交錯
   萃的美好相聚無法自由飛翔　解放後的自由逍遙無法萃聚　萃與
   解的價值相交坎
   萃實的問題解放後形成多維的複數與虛實交錯（萃000110+坎
   010010）

7. 否是否定與逆境　渙是擴散也是渙散
   解放是冰凍的渙散　也是從此不再擴散（否000111+渙010011）

8. 謙是向下求公平　恆是不上不下求久長
   謙解放了恆的固執　積恆解放了謙的求均（謙001000+恆
   011100）

9. 艮是絕情的高山　鼎是烹調的文明
   文明的鍋爐一片熱情　可以解放絕情的阻隔
   相安的阻隔　可以解救過熱的烹煮（艮001001+鼎011101）

10. 塞是阻擋與保護　大過是超越與不凡
    英雄的不凡來自解開平凡的阻擋與保護　不凡的解放後是知塞的

平凡

平凡的解放後是用蹇的不凡

保護平凡來自解開想超越的衝動（蹇001010＋大過011110）

11. 漸是演化　逅是相遇而共生

在共生圈的觀念中　物種的演化只是依次的解放與遇合

在演化的故事中　物種用遇合與解脫說故事（漸001011＋逅011111）

12. 小過是在細節中糾纏　升是升華

解放是從糾纏中升華　而理解是從混沌中看到細節（小過001100＋升011000）

13. 旅是行遠而住　蠱是比賽　解放是離開糾結

旅是心的閱讀　解是心的放下　旅與解是心的競賽（旅001101＋蠱011001）

14. 咸是感性　井是分享通路

解放是把私密的感性變成討論與分享

也是把理性的通透與感性的敏銳分開

分開的解與分享的井彼此相感於剎那（咸001110＋井011010）

15. 遯是退逃　巽是容忍

解放是不再容忍的退逃　而理解是不再退逃的容忍（遯001111＋巽011011）

16. 復是還原回家　歸妹是離家遠嫁

解放是妹妹的離家遠嫁　也是若干年後她離開婆家再回老家（復100000＋歸妹110100）

17. 頤是循環的大圓　睽是分別對立

解放是不再循環輪迴　所以與頤分別對立

諒解與分別心彼此相顛倒也相成圓（頤100001+睽110101）

18. 屯是盤旋　兌是相談

解放是用平衡的盤旋解決冗長的討論

也用討論的共識解決動靜的盤旋（屯100010+兌110110）

19. 益是合作與幫忙　履是獨立的選擇

益可以解決履的孤獨　履可以解決益的依賴（益100011+履110111）

20. 震是上下波動　臨是接近

解放是從上下波動中接近平地　也是不再接近平地開始波動

解與臨形成震動的波　臨與震形成互解的關係（震100100+臨110000）

21. 噬嗑是修錯　損是簡化

解放是簡化到不用修錯　也是修錯後不再需要簡化

求簡與求正確彼此相解　複雜的修正與簡單的錯誤相解（噬100101+損110001）

22. 隨是跟隨秩序　節是節拍

解放是不再跟隨節拍的秩序　也是跟隨自己的節拍而不用別人的指揮

節拍的斷續包含了解開與跟隨的二元素（隨100110+節110010）

23. 無妄是無常的天意　中孚是信仰的心

解放是用信神的心解開無常的恐懼　而無常的天意也解釋了神對信仰的試練（無妄100111+中孚110011）

24. 明夷是藏明　大壯是進取

解放是一場看不見的聖戰　戰勝自己的貪嗔痴

也是自我隱藏　把虛名的世界拋開的壯舉（明夷101000+大壯

111100）

25. 賁是美化外形　大有是多元

解放是不再求外形美醜的多元　也是不再愛慕多元的定形

賁美與大有互解（賁101001+大有111101）

26. 既濟是滿意　夬是快速啟動

解放可以很快速　像喝一杯水解渴　像頓悟　的一念之間立地成佛

原諒是最快速的滿足與調和（既濟101010+夬111110）

27. 家人是組合完美　乾是抗逆

解放是解開苦痛與歡樂的循環　與家人相惜的天倫相抗逆（家人101011+乾111111）

28. 豐是放大的光明　泰是生意旺盛　解是溶化的黑暗

解放是離開自戀而開始經營光明與黑暗的交換

放開自己的豐是人生最大的交換（豐101100+泰111000）

29. 離是自我複製　大畜是大數

解放是不再複製自己　而開始擁抱大數（離101101+大畜111001）

30. 革是改變過去　需是有所求

解放是放開有所求的過去　放開慾望的千面　也是洗心革面後的無所求（革101110+需111010）

31. 同人是化同　小畜是突變

解放化同心的質變　在化同的大海得到靈感的救贖

解開了突變就是化同　解開了化同就是突變（同人101111+小畜111011）

21. 不足與再續（未濟＝010101）

不足是一個無窮大的天地　也是時空永續的未來
我們的心感受到不足的存在　作出種種努力往滿足前進
修道者守著不足與缺乏過日子　是持戒以求大道
用有窮的生命尋找無窮的大道　以有限的心開發無限的可能
就是未濟卦的能量

1. 剝是已經消失的過去　解是輕輕的解開
　未濟是輕輕解開消失的過去　往無窮的未來前進
　萬物處剝而得解大道　未濟無限之大道

生命解剝之道無它　未來再續而已（剝000001+解010100）

2. 比是親比　是用1串連整個宇宙　訟是相斥與矛盾的2
   串連無法滿足矛盾　相斥無法滿足親比
   未濟是無法用1串連的宇宙　是超出意義與連比的宇宙
   於是心用矛盾的2來描寫未濟的宇宙（比000010+訟010111）

3. 觀是遠觀　困是受困
   未濟是不受困的觀　是不可觀的困　卻製造更自由的觀　更無所
   不在的困
   觀製造困的不足　困製造觀的不足（觀000011+困010110）

4. 豫是簡單與自由　蒙是扭曲與看不清楚
   簡單與扭曲是兩個互不滿足的世界
   心在自由任性與看不清楚時進入無限的再續（豫000100+蒙
   010001）

5. 晉是求取虛名　師是練兵作戰
   求虛名不足於練兵打仗　作戰不足於創造好名
   晉是唯一的標準　師是化一的訓練
   未濟是用唯一的標準製造無數的訓練　用化一的訓練製造無數的
   標準（晉000101+師010000）

6. 萃是聚實與結晶　渙是擴散
   渙製造有缺的萃　萃製造不滿足的渙（萃000110+渙010011）

7. 否是否定　坎是交錯
   否定與拒絕製造生命的止息　不足與再續製造無窮的未來　兩者
   是相垂直的思考（否000111+坎010010）

8. 謙是感受不夠公平　鼎是感受不夠高明
   未濟是不夠公平的高明　不夠高明的公平（謙001000+鼎

011101）

9. 艮是相安隔絕　恆是長久守常

未濟是不夠相安的長久　不夠守常的隔絕（艮001001+恆011100）

10. 蹇是阻隔與相護　逅是相遇與共生

阻隔製造相遇的不足　共生製造相護的再續（蹇001010+逅011111）

11. 漸是溫柔循序地演化　大過是大膽地超越

未濟是太溫柔不夠大膽　太超越不夠循序演化（漸001011+大過011110）

12. 小過是細節　蠱是比賽

未濟是有限的細節中無限的比賽　有限的比賽中無限的細節（小過001100+蠱011001）

13. 旅是行遠　升是升華

未濟是有限的旅程中無限的升華　有限升華後無限的旅程（旅001101+升011000）

14. 咸是敏感的感性　巽是寬大的容量

未濟是有限的感性中無限的尾韻　有限尺度中無限的感知（咸001110+巽011011）

15. 遯是退隱與豐收　井是相通與分享

未濟是以有限的退隱製造無限的相通　以有限的分享製造無限的豐收（遯001111+井011010）

16. 復是還原與回到原點　睽是分別

未濟是用有限的復原製造無限的分別　用有限的分別製造無限的還原（復100000+睽110101）

17. 頤是循環的生態圈　歸妹是歸屬的方向

　　未濟是在有限的迴圈內製造無限的歸屬　用有限的歸屬製造無限的迴圈（頤100001+歸妹110100）

18. 屯是難行與盤旋　履是擇路履命

　　未濟是用有限的盤旋面對無限的選擇　用有限的選擇面對無限的盤旋（屯100010+履110111）

19. 益是感恩與幫忙　兌是相談

　　未濟是有限的幫忙期待無限的對談　有限的對談期待無限的幫忙（益100011+兌110110）

20. 震是上下波動　損是簡化

　　未濟是用有限的波動期待最大的簡化　用有限的簡化期待最大的波動

　　未濟的不足與損的簡單是相震的能量（震100100+損110001）

21. 噬嗑是修錯　臨是登臨

　　未濟是用有限的修錯期待無限的登臨　用有限登臨期待無限的修正

　　修錯可以無限接近正確　卻永遠不是正確（噬100101+臨110000）

22. 隨是跟隨　中孚是相信

　　未濟是用有限的跟隨期待無限的相信　用有限的相信期待無限的跟隨　相信與相隨的人生有無限與有限的轉換關係（隨100110+中孚110011）

23. 無妄是無常的天　節是縮節的人生

　　未濟是順著難測的天意製造無限美妙的節韻　用有形的節韻面對無限難測的未來（無妄100111+節110010）

24. 明夷是藏明　大有是多元

　　未濟是一種未知　用有限的隱藏逃避無限多元的猜測　用多元的觀點檢視真假的千萬可能（明夷101000＋大有111101）

25. 賁是定形的美　大壯是進取

　　未濟是用有限的形美製造無限的進取　用有限的進取製造無限的美形（賁101001＋大壯111100）

26. 既濟是有限的滿足　乾是抗逆

　　未濟把有限的滿足變成無限的不足　既濟把有限的不足變成無限的滿足　既濟與未濟相抗逆（既濟101010＋乾111111）

27. 家人是組合美麗　夬是快速啟動

　　未濟是用家人的組合期待爆炸性的美麗　用快速的啟動期待最完美的組合（家人101011＋夬111110）

28. 豐是放大的光　大畜是最大的收藏

　　未濟是用有限的放大期待最大的收藏　用有限的收藏期待無限的放大（豐101100＋大畜111001）

29. 離是複製　泰是最大的交換

　　未濟是有限的複製期待最大的生意興隆　有限的交換期待無限的複製（離101101＋泰111000）

30. 革是改變　小畜是靈感

　　未濟是試圖用有限的改變製造無限的靈感　用有限的靈感製造無限的改變（革101110＋小畜111011）

31. 同人是化同　需是有所求

　　未濟的不足化同有所求

　　未濟是無限的悲憫之心　與蒼生的需要化同（同人101111＋需111010）

22. 界定與困圍（ 困=010110 ）

萬物都享有它的界定　活在一定的範圍
細胞困在細胞膜之內　人類困在地表10公里之內
困是兩面刃　一是封圍了內外的相通
一是界定了清楚的存活界線　因此可以安居樂業
都是困卦的能量

1. 剝是剝壞　訟是矛盾
   困是劃定不再相矛盾的範圍（剝000001+訟010111）
2. 比是連比對比　解是理解解放

困是不能解放　不能經過連比來理解　是用界定阻擋連比與理解
（比000010＋解010100）

3. 觀是遠觀　未濟是不足與再續
遠觀困於虛遠　未濟困於有缺
心困是不再滿足的想像（觀000011＋未濟010101）

4. 豫是容易　坎是交點
容易困於知順不知逆　交坎困於交錯有險
困是從容易走到危險交點　困難與容易相坎（豫000100＋坎010010）

5. 晉是普世的標準　渙是擴散的水
晉困於虛名　渙困於無根
困是失去標準與隨風渙散　只當有困有渙的調和　才能成爲一種標準（晉000101＋渙010011）

6. 萃是聚實與結晶　師是化一的訓練　是兵法
萃困於位　師困於律
困是向內聚縮的兵法　萃是精確的兵法　兵法對外用困圍　對內用萃練（萃000110＋師010000）

7. 否是逆境與否定　蒙是看不清楚與扭曲
否定也是一種界定　否困於嚴多　蒙困於不明
困是是清楚的界定　是不清楚的否定　也是扭曲的否定（否000111＋蒙010001）

8. 謙是求公平　大過是求超越
謙困於廣愛　大過困於獨善
困是謙與大過的彼此設界　但是在極端的情況　謙與大過是關在同一間牢房的室友（謙001000＋大過011110）

9. 艮是獨立的高山　逅是共生的我們

　　艮困於孤高　逅困於雜合

　　困是期待共生的孤獨　期待孤獨的共生（艮001001+逅011111）

10. 蹇是阻隔　恆是長久

　　阻隔困於險難　恆困於貞固

　　困是長久的阻隔　被阻隔的頑固（蹇001010+恆011100）

11. 漸是逐漸演化　鼎是創新文明

　　漸困於慢　鼎困於高

　　困是不會轉化的文明　不會創新的演化（漸001011+鼎011101）

12. 小過是糾纏在細節　井是通遠到天邊

　　小過困於細節　井困於無界

　　困是沒有通路的細節　沒有細節的通道（小過001100+井011010）

13. 旅是行遠　巽是容寬

　　旅困於遠　巽困於鬆

　　困是失去方向的旅行　沒有微風路過的樹梢（旅001101+巽011011）

14. 咸是敏銳的感性　升是升華

　　咸困於敏感　升困於輕

　　困是無法升華的感知　沒有感知的虛化（咸001110+升011000）

15. 遯是退隱　蠱是賽局

　　遯困於退　蠱困於勝負

　　困是無法逃退的賽局　也是躲避勝負的一生（遯001111+蠱011001）

16. 復是還原　兌是相談

復困於原形　兌困於話題

困是一直重復的對談　也是無法深談的重來（復100000+兌110110）

17. 頤是輪轉循環　履是選路前進

頤困於圓轉　履困於擇一

困是無法回頭的路　也是一直回頭的路（頤100001+履110111）

18. 屯是盤旋　歸妹是歸向未來

屯困於動靜　歸妹困於割捨

困是無所歸的盤旋　也是無法盤旋的捨離（屯100010+歸妹110100）

19. 益是施與受的加法　睽是分別與對等

益困於加　睽困於分

困是沒有幫忙的分別　沒有對等的幫忙（益100011+睽110101）

20. 震是上下振動　節是向內分節

震困於上下　節困於內約

困是沒有旋律的節奏　沒有節奏的旋律

困是界定內外　節是以節說情　所以困與節相震（震100100+節110010）

21. 噬嗑是修錯　中孚是相信

噬困於錯　中孚困於信

知困是沒有修正也可信仰　沒有誠信也可修正（噬100101+中孚110011）

22. 隨是跟隨讚美　臨是登台就位

隨困於序　臨困於近

知困是失去讚美也可登台　失去舞台也可跟隨

用困者有隨不臨　有臨不隨

知困者隨中可臨　臨中可隨（隨100110+臨110000）

23. 無妄是無常的天意　損是簡化的心

無妄困於難測　損困於簡

知困是安於無妄與簡單的心　用困者行損而避無妄　行無妄而避損（無妄100111+損110001）

24. 明夷是藏明　夬是啟動

明夷困於藏　夬困於快

困是隱藏的夬　界定了一事一物　就啟動了它的存在的集合

困也是被啟動的真與假　虛與實　心困始於真假難求

知困是安於明夷而啟動發明　如周文王的困中演易（明夷101000+夬111110）

25. 賁是描出美的邊界　乾是抗逆

困是界定難易的範圍　畫醜成美　化困為安　都是乾卦轉動乾坤的大能力（賁101001+乾111111）

26. 既濟是知足　大壯是勝己的征服

既濟困於滿足　大壯困於氣理

知困是以知足代替征伐　失去氣理也可安足（既濟101010+大壯111100）

27. 家人是組合美麗　大有是多元

家人困於組合　大有困於繁多

困是多而不美　美而單調　知困是不求多元的完美　不求完美的多元（家人101011+大有111101）

28. 豐是放大　需是有所求

豐困於大　需困於缺

困是放大的缺　缺的放大（豐101100＋需111010）

29. 離是複製　小畜是靈感

離困於成雙　小畜困於質變

困是無法複製的靈感　沒有靈感的複製（離101101＋小畜111011）

30. 革是改變　泰是交換

革困於變　泰困於交易

困是一成不變的交換　是失去勝率的改變（革101110＋泰111000）

31. 同人是化同　大畜是最大的積富

同人困於同　大畜困於大

知困用界是一種大富的修為　困於地球的人類化同於幸福的大畜（同人101111＋大畜111001）

23. 相斥與矛盾（訟=010111）

萬物皆相斥　才能占有自己的時空　我不是妳
我和妳才各自存在
我們要感謝相斥的力量　如此時空才不會重疊　意義才不會矛盾
矛盾是兩種想法互相排斥　這是訟卦的能量　但訟卦也排斥矛盾
擠在1裡面會矛盾　分開爲2就不矛盾　所以訟卦是2的保衛者
心用排斥或矛盾來確立彼此不同　這也是由1而2的保證

1. 剝是一個點　困是一個集合
　一個點變成一個集合靠的是相斥
　剝是剝壞　困是界定

界定的剝壞製造了重疊的矛盾（剝000001+困010110）

2. 比是親比於1　未濟是不足　是向無限大的前進
   無法向1的親比就是形成2的力量　也是由1變成無限大之間的排斥
   力（比000010+未濟010101）

3. 觀是用觀想收納天地眾生　解是解放約束分解善惡
   把觀想分解為2　變成相斥的2　增加了理解的分別　就是訟（觀
   000011+解010100）

4. 豫是自由的誤差　渙是擴散的水
   訟不只是自由的擴散　還製造了誤差與擾動（豫000100+渙
   010011）

5. 晉是唯1的太陽　坎是交錯的2線1點
   訟是用合理的2取代矛盾的1　所以訟的2與晉的唯1標準呈垂直交
   錯
   晉是巨星與崇拜的偶像　訟是互相討厭的天性　所以晉與訟相坎
   （晉000101+坎010010）

6. 萃是晶瑩剔透的結晶　蒙是模糊不清與扭曲
   結晶的亮麗與秩序相訟於蒙的模糊與扭曲（萃000110+蒙
   010001）

7. 否是否定與逆境　師是一貫的訓練作戰
   訟是一貫的否定　否定的一貫　是對1的恆久否定（否000111+師
   010000）

8. 謙是把1分給大家　逅是用1加1變成巨大的共生
   謙與逅對1的處理方向相訟（謙001000+逅011111）

9. 艮是相安而獨立的1　大過是超人的1
   獨立的1不期待與人比較　不平凡的超我期待與人比較

相安的艮與極端的大過相訟（艮001001+大過011110）

10. 塞是阻隔　鼎是營高
阻隔保護營高　營高製造阻隔
而阻隔後的營高是無法回頭的文明
愈高的文明間產生愈大相訟與阻隔（塞001010+鼎011101）

11. 漸是不停止的轉化　恆是堅持與守常
漸與恆之間產生相訟的矛盾　而恆久的漸也是時空不止息的自訟
（漸001011+恆011100）

12. 小過是細節中的斤斤計較　巽是寬容與鬆柔
斤斤計較與寬容大方彼此相訟　而訟斥把細節糾纏移到寬鬆
把雜亂無章移到適切的當下（小過001100+巽011011）

13. 旅是行遠　井是通深
行遠與通深在方向上相訟　行遠是用心閱讀相訟的時空　通深是
用心打開相訟的天地
行遠與通深是對固執僵化的排斥（旅001101+井011010）

14. 咸是感性　蠱是比賽
感性用於分辨訊息　蠱賽用於分別勝負　都會製造相訟的2
相訟是兩種以上的感性在比賽　是愛恨交加的感性（咸001110+
蠱011001）

15. 遯是退而得實　升是進而得虛
遯與升的退進與實虛相訟（遯001111+升011000）

16. 復是復原與不斷地回頭　履是一路的選擇
復的矛盾是不斷把1回復為0　同時又累積了無數的1
履的矛盾是不斷地2選1　同時又累積了無數的2
復與履的方向相訟　矛盾卻相似（復100000+履110111）

17. 頤是正反的循環　兌是往返的相談

頤的矛盾是養人者人恆養之　兌的矛盾是精確之後必有更精確

頤的大圓描述了大循環　兌的碎形描述了精微　兩者相訟（頤100001+兌110110）

18. 屯是盤旋　睽是分別

盤旋的矛盾是動與靜的拉扯　睽的矛盾是分與合的異心

屯在拉扯中擁舞　睽在分別中聰明　拉扯與分別相訟（屯100010+睽110101）

19. 益是施與受的合作　歸妹是割捨後前進

益的矛盾是施與受的同質　歸妹的矛盾是捨與進的共有

感謝幫忙與歸妹祝福的心情相訟（益100011+歸妹110100）

20. 震是上下波動　中孚是互信的心

波動的矛盾是峰卽是谷　互信的矛盾是信卽是被信

動盪不安的震與心靈契合的中孚相訟（震100100+中孚110011）

21. 噬嗑是除惡　節是分節求通

除惡的矛盾是善惡難分　分節的矛盾是斷續難定

雕刻的手法與章節的作法在修心過程中彼此相訟（噬100101+節110010）

22. 隨是跟隨誘因　損是減法與簡化

跟隨的矛盾是鬆緊難定　簡化的矛盾在難以界定簡單

跟隨的遞減就是相訟的遞加　相訟可以減損相隨的誘因（隨100110+損110001）

23. 無妄是無法預測的未來　臨是最親近的現在

無妄的矛盾是未來的偶然　臨的矛盾是現在的必然

必然與偶然相訟（無妄100111+臨110000）

24. 明夷是藏明　是珍藏在心　乾是抗逆

　　明夷的矛盾是眞卽是假　抗逆的矛盾是戰勝自己

　　相訟是看不到的抗逆　是珍藏自己的戰神（明夷101000＋乾
　　111111）

25. 賁是美的定形　是從甲骨文到拉丁文一切文字的總合　夬是啟動
　　與最快的無中生有

　　賁的矛盾是最美的境界　夬的矛盾是最初的開始

　　矛盾無所不在　從無中生有的開始到止於至美的結束

　　矛盾是宇宙如何開始　到光明的盡頭是什麼（賁101001＋夬
　　111110）

26. 既濟是調和　大有是多元

　　既濟的矛盾是水與火的相剋　多元的矛盾是同異相藏

　　用相剋的水與火調和成不冷不熱的溫度　這是我們生命多元的日
　　常

　　多元是不同成份的調和與相訟（既濟101010＋大有111101）

27. 家人是組合美麗　大壯是攻伐

　　家人的矛盾在角色的權利卽義務　大壯的矛盾是壯卽是弱

　　兄弟用壯的矛盾會把家人變成仇人（家人101011＋大壯111100）

28. 豐是放大的光明　小畜是累積與突變

　　豐的矛盾是明卽是暗　小畜的矛盾是積卽是變

　　一個膨脹的宇宙累積了無所不在的相斥力

　　一個膨脹的自我終將突變爲矛盾的自我（豐101100＋小畜
　　111011）

29. 離是分裂複製　是相映　需是有所求

　　相離的矛盾既是1也是2　相需的矛盾現在是1以後是0

離與需的矛盾是由1變2或變0的方向不同（離121121+需111212）

30. 革是改變過去　大畜是最大的集合

革的矛盾是新即是舊　大畜的矛盾是現在即是過去

相訟是萬物在革新中累積歷史（革101110+大畜111001）

31. 同人是化同　泰是天地交換

同人的矛盾是異同難分　泰的矛盾是天非天地非地

天下大同與萬物相訟是最大的交換

矛盾即眞理與逆向思考的泰順可以化同（同人101111+泰111000）

24. 升華與虛化（升=011000）

重力把萬物牽引往下　同時把較輕的事物往上推高
所以升是重力的反作用力　升華是沉重下墜的相反
虛化是實化的相反　萬物都有虛實兩種性質　虛多實少則變輕
由實變虛與萬物求升求高的本性　都是升卦的能量

1. 剝是剝壞與結束　蠱是比賽
　　升是淘汰低階　把自己變更高階
　　每一次的比賽勝利就升階一次　升是不斷淘汰對手到結束比賽
　　（剝000001+蠱011001）

2. 比是連比　井是通深

   升高與通深對比　升是合縱與連橫的相升（比000010＋井011010）

3. 觀是觀想　巽是狂亂無序的想像力

   升是最有彈性的觀想　是無邊無屆的想像力　想像力是觀察力的升階（觀000011＋巽011011）

4. 豫是順動與誤差　恆是守恆與常數

   升是從誤差變為守恆　從經常變為順動

   唯一的恆久是不停升華的豫動　自由度與守恆是彼此的升華（豫000100＋恆011100）

5. 晉是唯一的太陽　普世的標準　鼎是創新的文明

   不斷升高的標準是文明的創新　不斷升高的創新是唯一的標準（晉000101＋鼎011101）

6. 萃是結晶聚實　大過是超凡

   升是虛化　聚實與虛化是相反的作用力

   而在至虛中求實　在至實下求虛　都是超凡入聖的能力（萃000110＋大過011110）

7. 否是否定　姤是共生遇合

   升是離開地表　與有殞自天的姤遇相否定

   否是不適生存的逆境　把逆境升華就是可以共生的世界（否000111＋姤011111）

8. 謙是兼愛　師是貫心　是訓練作戰

   貫徹己命與兼愛眾生之間　互升

   以謙行師則不驕敗　以師行謙則不空談　都是升華的行動（謙001000＋師010000）

9. 艮是遠隔與相安的你我　蒙是模糊的世界

升華是與模糊的世界相安　是我們與眾星的關係　遠隔而模糊

（艮001001+蒙010001）

10. 蹇是在前阻擋與保護　坎是交錯

升是向上的提升　與阻擋相坎

蹇與坎在阻擋後的發展不同　蹇是安住下來　坎是相學習交融

所以互升（蹇001010+坎010010）

11. 漸是在平面上的暈開　渙是在風中的擴散

升是往上的提升　溫柔漸進是逍遙擴散的提升　反之亦然（漸

001011+渙010011）

12. 小過是細節中的糾纏　解是解脫理解

解脫是糾纏的升華　細節是理解的升華（小過001100+解

010100）

13. 旅是心的求美過程　未濟是心的求缺守缺

求美與守缺是心的自我提升　而心的提升與求缺求美一如我們閱

讀的旅程

缺中求美　美中守缺　是升華的心靈（旅001101+未濟010101）

14. 咸是感性　困是界定

無法界定的感性就是升華　自困於無感的天地也是脫離紛擾的提

升

在可愛的範圍內享受訊息的世界也是感性的提升

而升虛與困實之間蘊藏生命豐富的感動（咸001110+困010110）

15. 遯是退隱得實　訟是相斥

升是化虛提升　提升化虛與退隱得實相斥　一隻逃豬與一縷炊煙

相斥

遯是訟的虛化　訟求公義遯求實利　訟是遯的天敵（遯001111+訟010111）

16. 復是還原　泰是最大的交換

升是離開世界往天堂安住　是生死最大的交換　也是由有復無的還原（復100000+泰111000）

17. 頤是最大的生養循環　大畜是最大的收集

大畜是人類占有地球最大的資源　頤是減碳環保的努力

升是由佔有變成環保的過程（頤100001+大畜111001）

18. 屯是動靜盤旋　需是相吸引的力

升是離心力　向心力與離心力的平衡造成了天體的盤旋（屯100010+需111010）

19. 益是加法與合作　小畜是積與變

益的合作製造了人類社會的突變　而合作的突變把人從野獸升華成靈類

升華與突變是兩種相加的能量（益100011+小畜111011）

20. 震是上下波動　大壯是進取

共鳴互震是理直氣壯的升華

升華自己與征服別人是相震的兩種能量（震100100+大壯111100）

21. 噬嗑是修錯　大有是多元

升華是放下對錯的屠刀　向神的歸依

修錯與升華組成多元的是非善惡（噬100101+大有111101）

22. 隨是跟隨前後的秩序　夬是新的開始

升華是新的秩序　新的跟隨（隨100110+夬111110）

23. 無妄是無常的世界　乾是戰勝自己的心

升華是戰勝無常的自己

無妄是行往否逆的無常世界　升是進升虛冥無色的天堂　彼此相抗逆（無妄100111+乾111111）

24. 明夷是藏明　臨是接近實地

隱藏是光明的升華　臨是退縮的升華

登台的光芒萬丈　與隱藏的自保　互升

升華是無知的實踐　也是讓身心專注無知無色的魔法（明夷101000+臨110000）

25. 賁是美的定形　損是簡化

定形是混沌的升華　簡化是複雜的升華

定形的簡化　簡化的定形　都是升華的方向（賁101001+損110001）

26. 既濟是適當與滿足　節是分節

節拍縮小了時空的長度　卻滿足了不長不短的適當

縮節後的適當　是減法的去實求虛　是用節約花費增加滿足的升華（既濟101010+節110010）

27. 家人是組合的美麗　中孚是與神同心

把神當成家人是信心的升華　把親情當成信仰是親情的升華（家人101011+中孚110011）

28. 豐是放大的光　歸妹是割捨後的前進

放大的升華是割捨　把王妹遠嫁的升華是擴大王治的版圖（豐101100+歸妹110100）

29. 離是複製與相映　睽是分別

升華是離開複製的自己　所以與離相睽

複製相同與分別不同　互升（離101101+睽110101）

30. 革是改變　兌是相談

革命的行動與談判的行動相升

變形與碎形的變化也相升（革101110+兌110110）

31. 同人是化同　履是擇路而行

升華是一層層的選擇而登高　所以和履卦化同

用一個人的王道化同我與眾生　是大同觀的升華（同人101111+

履110111）

25. 挑戰與淘汰（蠱=011001）

在物競天擇的理論中　萬物互相挑戰　淘汰弱者留下強者
所以大自然是一個大賽局　生命為生存激烈比賽直到勝出
適者生存的手段是挑戰與淘汰　也是生命自我強化的日常

1. 剝是結局　升是升階
   蠱是生命不斷挑戰更強與升階　直到淘汰所有競爭者而得到升階
   的結局（剝000001+升011001）
2. 比是唯一的盟主　巽是最亂的混合
   蠱是從最亂的混合開始挑戰與淘汰　直到產生唯一的盟主
   比是符號　巽是最寬的應用與想像
   蠱是符號的自我淘汰　直到有最寬的應用與想像（比000010+巽

011011）

3. 觀是觀想　井是通路

　　蠱是不同觀想彼此爭論　直到鑽通了某個難題（觀000011+井011010）

4. 豫是簡易的行動　鼎是創新的文明

　　蠱是創新文明的彼此挑戰　直到產生最簡易的勝出

　　也是豫動的自我淘汰　直到產生創新的鼎

　　簡單與高明是棋逢敵手的競爭（豫000100+鼎011101）

5. 晉是最亮的標準　恆是最久的常態與慣性

　　蠱是不同標準間的挑戰　直到最久的留存

　　也是不同常態慣性間相挑戰　直到產生最亮麗的標準（晉000101+恆011100）

6. 萃是相聚的秩序　逅是碰遇與共生

　　蠱是不同的秩序與倫理間的挑戰　直到共生態的出現

　　也是不同碰撞間的挑戰　直到最後的結晶秩序出現

　　共生態與結晶體都是蠱的產物（萃000110+逅011111）

7. 否是否定與逆境　大過是超凡與極端

　　蠱是生命在否境中的挑戰　直到最超凡的存活與勝出

　　也是各種超越的想法互相挑戰　直到否定了所有的對手（否000111+大過011110）

8. 謙是公平兼愛　蒙是模糊

　　蠱是最模糊的開始　最公平的結束

　　也是公平的模糊與模糊的公平間永恆的爭論（謙001000+蒙010001）

9. 艮是隔絕與相安　師是的作戰的訓練

艮的挑戰是自安不相擾　師的挑戰是貫一不二

蠱是不同兵法間的挑戰　直到各有殊勝彼此相安的存留

也是不同獨立物種間循環地生死作戰的宿命

個體的相安存活與用兵的強弱道理很不同　彼此相挑戰

絕情獨立的理想與貫一畜眾的兵法相挑戰（艮001001+師
010000）

10. 蹇是阻隔與保護　渙是擴散

蠱是病毒的擴散力與宿主的阻隔保護力間的作戰（蹇001010+渙
010011）

11. 漸是新物種逐漸演化的過程　坎是交錯

蠱是汰弱留強的爭鬥　漸與蠱呈交坎的關係

漸的發展決定了淘汰的勝負　淘汰的威力決定了漸的方向（漸
001011+坎010010）

12. 小過是細節中的糾纏　未濟是不足與再續

蠱是從糾纏的當下　經過淘汰後移到永續的未來

也是把想像的未來　經過淘汰後投射在細節的當下

蠱是時間序列上當下與未來的相爭（小過001100+未濟010101）

13. 旅是用心閱讀時空　解是解開與理解

行遠是為了解開蠱爭的關係

蠱是不同的旅程相爭　直到解開最美的祕境

是不同的運算法相爭　直到完成最佳解

也是不同的理解相爭　直到完成生命的閱讀　真理的探索（旅
001101+解010100）

14. 咸是感性　訟是相斥

蠱是狼性　是不同相斥力間的拉扯　直到最敏銳的感性產生

也是不同感性間的競爭　直到完美的矛盾出現（咸001110+訟010111）

15. 遯是退隱與豐收　困是界定與圍困
    蠱是不同的退逃機制相競爭　直到安全的界定出現
    也是生命在不同的圍困下　競爭發展出成功的退逃
    是圍棋的規則　用圍困與遯逃來比賽（遯001111+困010110）

16. 復是還原　大畜是最大的收集
    蠱是生命用不同的休復能力相競爭　直到完成最大的族群
    也是生命用最大的收集　競爭最快的復原力
    歸零與積富是相爭的能力（復100000+大畜111001）

17. 頤是最大的生態圈　泰是最旺的順境
    頤的環保觀與泰的興盛觀是恆久的相爭
    蠱是生存競爭的總合　是追求最大生態與最順旺環境的總合　是新陳代謝與循環輪轉的總合（頤100001+泰111000）

18. 屯是盤旋中的動與靜　小畜是突變
    蠱是生存的競爭　生命用突變與盤旋走上更蓬勃的存亡之路（屯100010+小畜111011）

19. 益是合作的加法　需是相需的萬物
    益是給人恩澤　需是缺水的狀態　兩卦相爭
    蠱是生命用合作的方法相競爭　直到完成最相需的族群
    也是用相需的廣深　競爭完美的合作模式（益100011+需111010）

20. 震是上下波動　大有是多元
    蠱是多元的清掃者　競爭的最後只留下最強最適者
    多元也討厭蠱爭　因為多元納異是天地所容　所以蠱與大有相震

（震100100＋大有111101）

21. 噬嗑是修錯　大壯是進取

修己與用壯是相爭的人格

蠱是進取的雙方相競爭　在修錯的過程中尋求勝出

也是不同修錯的演化中　生命發展出大壯的優勢（噬100101＋大壯111100）

22. 隨是跟隨前者　乾是抗逆　是戰勝自己

蠱是對跟隨的抗逆　也是經過長久抗逆後的跟隨　是對戰勝自己的意志永恆的跟隨（隨100110＋乾111111）

23. 無妄是無常變有常　夬是開創　是無中生有

無妄的爭論是平常心　夬的爭論是啟源

無常有常與有無的爭論與宇宙同壽

蠱是從無常的賽局開始　直到開創新的常勝（無妄100111＋夬111110）

24. 明夷是藏明　損是減繁

繁複是隱藏的簡單　簡單是隱藏的繁複

蠱是生命鬥爭的結果　鬥爭是生存最簡單的真理　至簡的鬥爭是隱藏

隱藏則不可攻　至簡則無可傷

或許生命進化的未來　會只剩最簡的數位生命漂浮在宇宙之中

就是陰與陽（明夷101000＋損110001）

25. 賁是外形的邊框　臨是內實的身心

蠱是生命的競爭中　求外形與內實相淘汰後的總合（賁101001＋臨110000）

26. 既濟是最適當充足　中孚是與神同心

蠱是生命用競爭來完成最強的演化　是最適者與最忠誠者的群體
既濟是內足　中孚是外信　兩者是心對內外價值的相爭（既濟
101010+中孚110011）

27. 家人是組合美麗　節是分節
兩卦在合與分的作為上相爭
蠱是生命在競爭後完成最強的組合　用不斷分節與組合來伸縮生
命的外形與功能
組多與節小是相爭的手法　合起來則是爭勝出的密訣（家人
101011+節110010）

28. 豐是放大　睽是細分
蠱是生命在競爭中　發展出放大的形體與細分的覺知
也是真理在競爭中　用放大的觀察與無窮的細分來勝出
分別出相爭的對比方是二元宇宙的放大（豐101100+睽110101）

29. 離是分裂相映　歸妹是割捨歸一
蠱是歸一的爭鬥　是經過不斷分裂複製後的歸一
而當王者確定後　蠱是能最快自我複製的王者
淘汰與歸依是相映的生存之道（離101101+歸妹110100）

30. 革是變形　履是擇路
蠱是生命相革的競爭　也是擇履的相爭
生命存留的條件是自革的尺度與擇履的正確性（革101110+履
110111）

31. 同人是化同　兌是對談
蠱是相淘汰的雙方　兌是相辯論的兩人　蠱製造適者生存　兌製
造最後共識
所以蠱化同於兌（同人101111+兌110110）

26. 互通與分享（井＝011010）

世界充滿各種通路　讓資訊與物流能暢通
眼耳口是生命的通路　幫助溝通的心分享彼此的確幸
溝通不廉價　要打開封閉　像挖開一口井一樣辛苦
互通的世界是美好的　分享的心是快樂的
這是井卦無所不在的能量

1. 剝是剝壞與結束　巽是雜亂寬鬆
   井需要精確貫通深厚的泥土　所以是雜亂的結束　精通的開始
   （剝000001+巽011011）
2. 比是連比　升是往上升階

井是往下的通深　也是把水往上的分享　所以井與升相連比
井通也是連比的升階　是更有深度與升階的連比
比是領導　分享是升華的領導（比000010+升011000）

3. 觀是觀想　蠱是挑戰
   井是開通　挑戰自己的觀想可以開通新的領悟（觀000011+蠱011001）

4. 豫是順動與誤差　大過是超越與極端值
   井通是對凡俗的超越　是超越後的順動
   也是看透小小的誤差與極端值兩者的互通（豫000100+大過011110）

5. 晉是知與被知的相通　姤是共生群的相通
   井通是把高貴的知識分享給共生的你我（晉000101+姤011111）

6. 萃是聚實與結晶　恆是守常與持久
   井通是結晶去雜質後的恆定　讓光可以輕輕透過自己（萃000110+恆011100）

7. 否是否定　鼎是營高創新
   相對鼎的營高創新　錦上添花
   井的通深與活水濟人　默默鑽精　兩者相否（否000111+鼎011101）

8. 謙是廣施　坎是交錯
   井通挖深與謙的廣施相垂直交錯（謙001000+坎010010）

9. 艮是獨立　渙是擴散傳播
   井通是獨立的一口井　卻能把地下的水遠遠傳播（艮001001+渙010011）

10. 蹇是母親河與護城河的相通　師是用律令相通的將帥與士兵

井通是生命之水的流通幻化　從阻隔的河通成護城的河

從利刃般的訓練通成強大的戰力　從暗無天日的地下水通為可口的山泉

必勝的兵法是用來保護泉湧不涸的井（蹇001010+師010000）

11. 漸是演化前後的相通　蒙是模糊不清　也是問與答的相通

井通是漸漸消失的模糊不清（漸001011+蒙010001）

12. 小過是細節中的糾纏　困是界定後的內外

在界定的線上小小的跨過　在困的範圍內微細地研究　就是井通的開始

井通是在細節處發現清楚的界定　進而在大局上的暢通無阻（小過001100+困010110）

13. 旅是遠近相通的行遠　訟是不歡迎相通的相斥

在相斥的矛盾間行旅　是貫通相訟的兩方　是心經的行深般若波羅蜜多時的彼岸（旅001101+訟010111）

14. 咸是與訊息相通的五蘊　解是與心結相通的理解

五蘊的感覺與理解的心可以建立溝通的窗口（咸001110+解010100）

15. 遯是退隱　未濟是不足與再續

井通可以洞察不足與隱退的真相

一技之長可以隱藏不足的生活（遯001111+未濟0101010）

16. 復是往反相通的還原　需是需要與被需要的相通

井通還原了需要　是取之不盡的水源　是需與被需的反復來回

心意相通是愛與被愛的來回（復100000+需111010）

17. 頤是正反相通的圓　小畜是積與變相通的突變

井通是從最大的循環看到最小的一滴水變成水蒸氣再變回水　反

之亦然

積與變的循環與宇宙的大小圓全部相通（頤100001+小畜111011）

18. 屯是盤旋　泰是順境與交換

盤旋是動靜的相通　泰是天地的相通

井通是看透盤旋的地球等同平順的日夜交換（屯100010+泰111000）

19. 益是施與受的通　大畜是現在與巨大的記憶相通

井通是用雲端的通路幫助累積巨大的文明記憶（益100011+大畜111001）

20. 震是來回波的相通　夬是一聲號角與啟動全部的相通

井通是蟲洞　夬是奇異點　震是重力波　宇宙的井與夬在重力中相震　震是共鳴的心　夬是啟動的號

井通是用共鳴的號啟動不同的心（震100100+夬111110）

21. 噬嗑是改錯與修正的相通　乾是戰勝自己與輸給自己的相通

井通可以見真相　噬錯可以得正果　井與噬是診斷學的不同手法

把人的愚昧吃乾淨　就剩下與神相通的智慧（噬100101+乾111111）

22. 隨是相隨的前與後相通　大壯是壯弱相通

井通是跟隨自然與用易不用力的相通（隨100110+大壯111100）

23. 無妄是無常與有常的相通　大有是多元中眾異的相通

井通是貫通無常亂數與多元大數的關係（無妄100111+大有111101）

24. 明夷是真假相的相通　節是縮節與延伸的相通

井通是發現隱藏的節拍　聽出節拍中隱藏的心意（明夷101000+

節110010）

25. 賁是美的內容與邊界相通　中孚是神與人的心相通

井通是從一張圖看到作者的心意

從一個信仰中看到美的種種外形　從種種的美看到一個信仰（賁
101001+中孚110011）

26. 既濟是水與火的相剋又相通　臨是表演者與觀賞者的相通

井通是用滿足相親近的兩顆心　是親近自己身邊豐富的幸福（既
濟101010+臨110000）

27. 家人是相通的親情　損是繁與簡的相通

井通是家人間彼此用損己利他的心相通　相通是家人的最簡元素

（家人101011+損110001）

28. 豐是放大的前後相通　兌是相談的兩人相通

井通是從放大鏡下看見彼此的更精確的真心（豐101100+兌
110110）

29. 離是分裂後的雙方相通　履是選擇前後的相通

井通是一變二與二選一之間的相通

是作莊者與賭客間的相通　複製成功是一條通井的大道

在手機時代　在銀幕上點選的過程　可以通往我們搜尋的頁面

是既像井通又像履擇的過程

所以手機上的履與井相映（離101101+履110111）

30. 革是變與不變之間的相通　歸妹是割捨現在與前進未來的相通

井通是改變過去與迎向未來的相通（革101110+歸妹110100）

31. 同人是萬物與我的相通　睽是對立後分與合的相通

井通是用分別的行業完成同人的大業　用同人的行動分享睽分的

智慧　化同是合一　睽是分二　井通是不分不合　又分又合

精通的心與善辨的聰明化同
通天的能力與同人的胸懷相分別（同人101111+睽110101）

27. 包容與彈性（巽=011011）

有一種生命的特質　像樹梢上的微風　無質無形　優雅逍遙
它不選擇樹梢　它包容一切的樹梢　它不催促拉扯　它鬆柔輕撫
心也有一種特質　喜歡胡思亂想　聽人胡說八道　見怪不怪
總是包容
生命需要彈性與鬆柔　才能耐壓耐折
人與命運的關係也是　忍受它包容它適應它　都是巽卦的能量

1. 剝是剝壞　井是相通的活水
   生命的彈性是忍受隨時的剝壞與心存處處井通的活路（剝
   000001+井011010）
2. 比是連比　蠱是淘汰賽
   比的彈性是最廣的比喻　蠱的彈性是不淘汰弱者

最大的包容與彈性可以結盟最多的朋友而不作淘汰（比000010+
蠱011001）

3. 觀是觀想　升是升華

觀的彈性是幻覺　升華的彈性是虛實不分

心的彈性是升華的觀　是胡思亂想　是幻想與假想的總合（觀
000011+升011000）

4. 豫是順動與誤差　逅是共生與遇合

豫的彈性是絕對的自由　逅的彈性是緣分的總合

命運的彈性包括自由的緣遇與共生的豫動（豫000100+逅
011111）

5. 晉是知識與標準　大過是超越與極端值

晉的彈性是被知與知的總合　大過的彈性是從平凡到不凡

彈性是遠離標準和盡情與率性的超越（晉000101+大過011110）

6. 萃是結晶純化　鼎是創新營高

萃的彈性是秩序與純度　鼎的彈性是創意與高度

彈性是遠離秩序與純度和盡情的創新營高（萃000110+鼎
011101）

7. 否是否定　恆是久常

彈性是遠離否定和盡情地延伸不變與變

也是在長久否定下仍能持恆的特質

鬆寬則是長久的否定自己　遠離恆定的本質　如風如煙　沒有一
定的形　卻都是風與煙（否000111+恆011100）

8. 謙是求均　渙是擴散

彈性是遠離公平和盡情地傳播擴散

鬆寬是由高求低虛懷若谷的極度擴散（謙001000+渙010011）

9. 艮是獨立隔絕不交錯　坎是交錯的線

　　彈性是不交錯和交錯的自由與總合（艮001001+坎010010）

10. 蹇是阻擋與保護　蒙是模糊與扭曲

　　彈性是經過模糊與扭曲後仍能保護自我阻擋變形的本質（蹇001010+蒙010001）

11. 漸是逐漸的演化　師是貫一的紀律和服從

　　彈性是從漸進的開始到絕對的服從

　　是兼有長遠演化後的變異與一貫不變的特質（漸001011+師010000）

12. 小過是細節的糾纏　訟是相抗的張力

　　彈性是遠離糾纏和發揮最大的抗張性（小過001100+訟010111）

13. 旅是行遠　困是圍困

　　彈性是從生命被圍困壓縮到無限的時空旅行（旅001101+困010110）

14. 咸是感性　未濟是不足與再續

　　咸的彈性是敏感度　未濟的彈性是好奇心

　　彈性是遠離敏感和擁抱好奇　是從剎那到永續（咸001110+未濟010101）

15. 遯是退隱　解是解開

　　遯的彈性是進與退　解的彈性是合與分

　　彈性是最柔的進退與最輕巧的分合（遯001111+解010100）

16. 復是還原　小畜是積與變

　　彈性是既可突變也可還原的本質（復100000+小畜111011）

17. 頤是循環的圓　需是相需的吸引力

　　頤的彈性是養與被養的同向　需的彈性是被需與需的互需

彈性是活在生態圈內的每一顆飢餓的心　也是愛與被愛的無邊世界（頤100001+需111010）

18. 屯是盤旋　大畜是記憶的總合
彈性是記憶中的盤旋　盤旋中的記憶（屯100010+大畜111001）

19. 益是幫忙　泰是順境
益的彈性是加法的廣度　泰的彈性是交換的熱度
彈性是施與受　加與被加間　交換的熱度（益100011+泰111000）

20. 震是波動　乾是抗逆
震的彈性是安靜　乾的彈性是認輸　巽是安靜認輸
彈性是不怕波動共鳴　不管戰勝或認輸　只輕輕作一陣風中風（震100100+乾111111）

21. 噬嗑是修錯　夬是啟動
噬的彈性是對與錯　夬的彈性是快慢
彈性是包容一切對與錯和任何快速的爆發與啟動（噬100101+夬111110）

22. 隨是跟隨　大有是多元
隨的彈性是隨興　多元的彈性是單一
彈性是隨興的多元或單一（隨100110+大有111101）

23. 無妄是無常　大壯是強攻弱
無妄的彈性是有常或無常　大壯的彈性是強弱相安
彈性是穿梭無常與有常　用壯與用易的未定（無妄100111+大壯111100）

24. 明夷是藏明　中孚是互信
明夷的彈性是真相或假相　中孚的彈性是懷疑或相信

彈性是從相信騙局到懷疑眞理（明夷101000+中孚110011）

25. 賁是美化　節是分節

　　賁的彈性是醜化　節的彈性是浪費

　　彈性是從浪費的醜到簡約的美（賁101001+節110010）

26. 既濟是滿足　損是簡化

　　既濟的彈性是不滿意　損的彈性是貪念

　　彈性是從不滿與貪婪到簡單的滿足（既濟101010+損110001）

27. 家人是相惜　臨是接近

　　家人的彈性是對立　臨的彈性是遠離

　　彈性從遠離與對立到接近與相惜（家人101011+臨110000）

28. 豐是放大　履是擇路

　　豐的彈性是縮小　履的彈性是逍遙

　　彈性是從縮小的選擇到放大的逍遙（豐101100+履110111）

29. 離是複製　兌是相談

　　離的彈性是不用抄襲　兌的彈性是沒有共識

　　彈性是遠離自我抄襲與僵硬的共識（離101101+兌110110）

30. 革是變形　睽是分別

　　革的彈性是不變　睽的彈性是合一

　　彈性是從變形與分二回到不變與合一

　　彈性是在變革與睽分的壓力下維持不變合一的本質（革101110+
　　睽110101）

31. 同人是化同　歸妹是嫁遠

　　同人的彈性是歧視　歸妹的彈性是不歸

　　彈性是從歧視不歸到化同與嫁遠

　　嫁遠的命運與巽風的寬鬆大容同質（同人101111+歸妹110100）

28. 持久與守恆（恆＝011100）

持久是一種幻覺　時間的幻覺　守恆也是
剎那也可以是持久　如果它與萬分之一的剎那相比
守恆是誤差的升華　加大可容忍範圍　誤差可以等同守恆
變與不變的關係也是　只要變的尺度可被接受　便說它是不變
萬物皆恆　在變與不變間存在　這是恆卦的能量

1. 剝是剝壞與結局　鼎是創新與經營
　宇宙最持久的能量是剝壞　持久到最後的樣子叫結局
　持久是對剝壞與結局不斷地經營與創新

持久是剝壞與創新的總合（剝000001+鼎011101）

2. 比是類比　大過是極端值

持久可類比時序的極端　所以持久是比出來的

而守恆則把最極端值也包容進來　連比到一個小小範圍內

在符號與語意的世界　符號是常數　語意的類比製造各種極端值

守恆是數學上的常數　把超越的極端值用類比運算納入守常的範

圍（比000010+大過011110）

3. 觀是觀想　逅是共生

觀的持久是固執　逅的持久是與神共生

持久是與固執碰撞後變成觀其生與觀我生的共生

觀是無形的逅體　逅是有形的觀體　二者恆等（觀000011+逅

011111）

4. 豫是任意的誤差　升是任意的升華

守恆是任意的誤差與升華的總合

豫動是升華的本質　升華是豫動的化身　二者恆等（豫000100+

升011000）

5. 晉是標準的知識　蠱是淘汰

求恆是對標準的淘汰　也是淘汰後的標準

標準是一項賽局　賽局是為了製訂標準　二者恆等（晉000101+

蠱011001）

6. 萃是結晶與秩序　井是相通與分享

恆是持久的通路與秩序　也是治亂與通阻的共有

萃有位的倫理世界　與改邑不改井的流通世界恆等（萃000110+

井011010）

7. 否是否定　巽是彈性

固執是彈性的否定　但恆心是不被否定的彈性

生命在否定中感受彈性　體驗持久

在否境中長久與在彈性中不變　二者恆等（否000111+巽011011）

8. 謙是求均　解是解開

謙卑的心是破解困難的日常

而快樂的守恆要用諒解與謙虛

謙虛的兼愛與諒解的放下　二者恆等（謙001000+解010100）

9. 艮是隔絕　未濟是再續

恆的固執是隔絕被影響　恆的堅持是維持再續

貪念的持久會變成善良的隔絕

隔絕的關係與不相濟的關係　恆等（艮001001+未濟010101）

10. 蹇是阻擋與保護　困是界定圍困

恆可以超越阻擋與圍困　恆也製造阻擋與圍困

而當界定與保護都喪失後　真正的守恆是不用界定與保護的總合

蹇的阻擋與困的不通恆等　蹇的保護與困的擁抱恆等（蹇001010+困010110）

11. 漸是不間斷的演化　訟是相斥

守恆與演化相斥　守恆是矛盾的不斷演化

持久的演化終將變成相斥的物種

演化的內在是相訟的矛盾　一如安定與冒險的相訟又相演　漸與訟恆等（漸001011+訟010111）

12. 小過是細節　師是一貫的服從

持恆的細節是一貫的服從　也是略過細節後的一貫　恆與師卦的細節都是慣性

在慣性的世界　糾纏在剎那等同持恆的訓練

持恆與慣性等質　時空的本質在細節與剎那　服從的本質在慣性與紀律　故小過恆等師卦（小過001100+師010000）

13. 旅是行遠　蒙是模糊與扭曲

持恆的心法是大量的行旅與模糊焦點　也是佔有更大的時空與或許

行遠的心發現過程的美麗　發蒙的心發現好奇的勝境　二者恆等（旅001101+蒙010001）

14. 咸是感性　坎是交錯

恆是理性　與感性交錯

感性是百種覺知持久的交錯

咸的微分法與坎的交點減維法恆等（咸001110+坎010010）

15. 遯是退隱　渙是擴散

恆是感性的退隱變成理性的擴散

個體的退隱與密度稀釋在擴散中恆等

退而得實與散而得群也恆等（遯001111+渙010011）

16. 復是回復　大壯是強攻弱

恆是回復與進攻的總合

持久的再生能力是守恆的自壯

復原自己的生機與征服別人的病亡　意義上恆等（復100000+大壯111100）

17. 頤是循環的圓　大有是多元

恆是不斷循環的多元　是無所不包的循環

正反相循的生態與多元大有的世界恆等（頤100001+大有111101）

18. 屯是盤旋　夬是啟動

　　恆久是最快的啟動後形成最穩定的盤旋

　　宇宙從大爆炸開始　從來沒停過動靜與冷熱的盤旋

　　無中生有的夬是隱藏的自旋的結束

　　夬的有無與屯的動靜之間有恆等的關係（屯100010+夬111110）

19. 益是加法　乾是抗逆

　　幫助或抗逆　是最善變又恆定的兩種心性

　　幫助自己更強　是益與乾的守恆

　　益的加值與乾的變強有恆等的關係（益100011+乾111111）

20. 震是來回波動　泰是交換

　　恆定討厭交換　故與泰相震

　　而在波動中守恆　在氣韻中持久　是人生最順泰的心法

　　波的來回震動與泰的大小來往有恆等的關係（震100100+泰111000）

21. 噬嗑是修錯　大畜是大積

　　修錯得正果　大積得的大數據　正確的大數據是人工智慧的守恆

　　修錯得正與養賢得富的關係恆等（噬100101+大畜111001）

22. 隨是跟隨　需是相需

　　關係的恆定是在相需中相隨

　　相隨的陪伴與相需的互擁有恆等的關係（隨100110+需111010）

23. 無妄是無常　小畜是突變

　　守恆不歡迎無常與突變　但無常與突變卻是人生最守恆的兩件事

　　在機率的世界　無常與突變恆等（無妄100111+小畜111011）

24. 明夷是藏明　歸妹是嫁給未來

　　守恆像一幅畫　可以從過去穿梭到明天　並且把所有的昨天藏起

來

守恆是我們不知到的祕密　偷渡到未來

藏明於今世恆等歸妹於來世（明夷101000+歸妹110100）

25. 賁是美的定形　睽是二元分別

定形的美不是守恆的美　永恆的美不能定形　甚至是美醜不分

持久的定形會形成差別心

賁的定形得相與睽的破孤成對有恆等的關係（賁101001+睽
110101）

26. 既濟是滿意與調和　兌是相談與幾何的碎形

守恆的碎形是放大後它的邊還是同形的重復

守恆的共識是經過無數次相談　還是一樣的滿意

圓滿是談心的兩人恆久的相悅

水火調和與兩心精確恆等（既濟101010+兌110110）

27. 家人是組合相惜　履是選路

守恆的心選擇相惜的路　是一組密碼　可以開啟永恆的金庫

持久的家人是最幸福的路

組合的英文是combination　也是密碼的意思　也是履卦的選碼

家人與履有恆等的關係（家人101011+履110111）

28. 豐是放大　臨是接近

像拍電影一樣　鏡頭的放大等同觀看者的接近

守恆是用放大來接近　用接近來放大（豐101100+臨110000）

29. 離是複製自己　損是簡化

守恆是最簡化的複製　也是要用明天複製今天　先用下一秒複製
上一秒

簡化後的元素或心意離永恆最近　簡化可以複製不朽

複製今天與簡化明天有恆等的關係（離101101+損110001）

30. 革是變形　節是分節

守恆像四季　是分節後循環不停的變化

守恆像鐘擺　在節拍中不停的來回擺動

用革可以除舊　用節可以縮長減苦　二者恆等（革101110+節110010）

31. 同人是化同　中孚擁抱同心

守恆的中心思想是化同　化同變異　是聯集　是最遠的相信　是萬物與神皆守恆守同守信

天地大同與神人共信之間有恆等的關係（同人101111+中孚110011）

29. 創新與高明（鼎=011101）

在母親的世界　烹飪是放入各種可能的食材　調理出最美的料理
在父親的世界　經營是集合各種可能的創新　創建出最高的產值
在信仰的世界　廟堂中用爐煙升到天際
祈禱神賜于人間太平盛世
調理　創新　營高　祈禱　都是鼎的能量

1. 剝是剝壞與結局　恆是守恆
   鼎新是對剝壞恆久的抵抗　直到產生文明的最高結局
   守恆的剝壞就是創新　創新恆等剝壞　對舊世界的剝壞（剝

000001+恆011100）

2. 比是連比　逅是共生
鼎是共生的高等文明　是彼此結盟親比的共生體
比是語言符號　鼎是在同種語文中共生的我們（比000010+逅011111）

3. 觀是觀想　大過是超越平凡
鼎是不斷地創新觀想　直到超凡入聖（觀000011+大過011110）

4. 豫是自由容易　蠱是淘汰
鼎新是自由經濟中最自然的淘汰賽　也是淘汰後最容易的標準（豫000100+蠱011001）

5. 晉是唯一的標準　升是升華
鼎新是標準的升階　變成圖書館內的眾多標準　也是用假設升華成唯一的標準（晉000101+升011000）

6. 萃是結晶　巽是包容與彈性
高明是包容眾多結晶的文明　是用彈性的開始焠練出結晶般的文明（萃000110+巽011011）

7. 否是否定　井是可分享的通路
鼎新是在否定中的挖深　直到通出一條活路　也是對現有的通路的全部否定　（否000111+井011010）

8. 謙是謙下　未濟是不足
營高的心誕生於謙下與不足　創新來自強烈的不滿與卑微（謙001000+未濟010101）

9. 艮是隔絕　解是解開
鼎是調理文明的熔爐　是隔絕與個人主義的崩解（艮001001+解010100）

10. 蹇是活在大河的阻擋下　訟是相斥

鼎新是升起文明的大火　鼎與蹇相訟

鼎所創建是人類與大河相爭後變相惜的大河文明（蹇001010+訟010111）

11. 漸是演化　困是圍困與界定

鼎新是演化中最高的界定　也是圍困下的演化（漸001011+困010110）

12. 小過是細節　蒙是模糊與扭曲

創新有時要模糊細節　有時要從模糊走入細節

調理或經營是每天心智的糾纏與扭曲（小過001100+蒙010001）

13. 旅是行遠　師是作戰

創新文明的高度也是一種行遠　求新求高的作戰之旅（旅001101+師010000）

14. 咸是感性　渙是擴散

營高的文明會自然擴散　像病毒會傳播　傳播文明的感動（咸001110+渙010011）

15. 遯是退隱　坎是交錯

耀眼的文明與退隱的人生相坎

創建之路是從退隱的鄉下進到交織的網路世界（遯001111+坎0100100）

16. 復是還原　大有是多元

從高等到原始　文明展現多元的樣貌（復100000+大有111101）

17. 頤是循環的圓　大壯是用強攻弱

文明離不開戰爭的攻守循環　有一種文明是戰爭的倒轉　是和平共處的文明　譬如飲食文明（頤100001+大壯111100）

18. 屯是盤旋　乾是抗逆

平衡的動與靜產生自旋與盤旋　落實的假設產生創新與調理

平衡與創新相抗逆（屯100010+乾111111）

19. 益是合作幫助　夬是啟動

鼎新是合作的文明不斷的開啟新頁　文明會開啟不停加值的機制

（益100011+夬111110）

20. 震是波動　大畜是記錄

鼎新不是冗長的記錄　是充滿波動的創新　是有各種音樂共鳴的

大數（震100100+大畜111001）

21. 噬嗑是修錯的刑法　泰是國泰民安　是經濟與貿易

鼎是各種建設的SOP　是吏政與庶政的整合　創新與修錯的組合

是太平盛世的保證（噬100101+泰111000）

22. 隨是跟隨　小畜是突變

鼎新是跟隨的突變　是不斷創建規範與突破規範（隨100110+小

畜111011）

23. 無妄是無常　需是相需

鼎新是在無常的人生經營相需的關係　在相需的人生營造無常的

進化無常的欲求是創新的原力（無妄100111+需111010）

24. 明夷是藏明　睽是分別

鼎是高明的創新　與藏明相分別　文明是發現隱藏真理的總合

（明夷101000+睽110101）

25. 賁是定形的美　歸妹是迎向未來

鼎新是向未來定形的美　是寫給未來的完美故事（賁101001+歸

妹110100）

26. 既濟是滿足　履是選擇命運的路

鼎是選擇調理的方法　直到滿足與調和的王道出現

最高明的幸福是任何的選擇都可以滿意的人生（既濟101010+履
110111）

27. 家人是組合　兌是相談

鼎新是不斷地組合與相談　新的組合與新的相談都帶來創新的元
素（家人101011+兌110110）

28. 豐是放大　損是簡化

創新文明的手法可以用放大的智慧與簡化的符號（豐101100+損
110001）

29. 離是複製　臨是接近

複製與抄襲應該不是創新　但一個花海與一枝花的美的確不同

花海的美是一種腳踏實地的複製與鼎高（離101101+臨110000）

30. 革是除舊　中孚是相信

鼎新與除舊是孿生兄弟　都是創新的同心（革101110+中孚
110011）

31. 同人是化同　節是分節

鼎新是升高的光明　節是縮短的美好　鼎是美味的調理　節是音
律的創作　鼎與節對文明的幫忙化同（同人101111+節110010）

30. 超越與不凡（大過=011110）

廣義地說　每個生命體都是獨一無二
都在浩瀚的宇宙中絕無僅有
都超越了無數無生命的星體　或無數絕種的生命
才能存在到今天
在人類的歷史中　超越與不凡是空前絕後的英雄
是那些驚天動地的事件
不比別人　每個人都有自己的不凡　偉大的成就
美好的記憶　都是大過卦的能量

1. 剝是剝壞　逅是共生與遇合
   共生的剝壞　產生獨霸的物種　像恐龍　像今天的人類　都是大
   過

死亡與剝壞最接近不凡　突破生死超越剝壞正是大過的英雄本色
共生的剝壞就是與自己共生　馴服於自己的理想與抱負　作個不
凡的自己（剝000001+姤011111）

2. 比是類比　是文字符號的總合　恆是持久與守恆
在語文的系統中　每個成語　典故　詩詞　都是大過　都超越了
時間長河的考驗才能留到今天
超越的時間愈久　大過的不凡愈強（比000010+恆011100）

3. 觀是觀想　鼎是創新的文明
大過是文明中每一件發明與專利　是觀想中的偉大靈感與創意
（觀000011+鼎011101）

4. 豫是誤差與順動　井是通路與分享
大過始於小小的誤差　卻像油井一樣泉湧　終於變成無法駕馭的
極端值
在量子世界　豫是擾動　井是穿燧　是彼此的大過（豫000100+
井011010）

5. 晉是唯一的太陽　巽是一群亂風
大過是超越亂風而變成不凡的太陽　也是超越太陽而乘風逍遙
（晉000101+巽011011）

6. 萃是結晶　升是升華
在最無雜質的結晶　與最升華的放空中　我們都體驗到不凡
更不凡是　作出最輕的結晶　最重的升空　是輕如鴻毛重如泰山
的英雄心
最輕的重　與最重的輕　輕重之中各有隱性的大過與不凡（萃
000110+升011000）

7. 否是否定　蠱是淘汰

大過淘汰了整個世界的否定　來到無法否定與淘汰的高度（否
000111+蠱011001）

8. 謙是以高求廣均　困是用界定縮小範圍

不凡是超越各種界定而不忘兼愛公平的心

化小困爲大謙　忘己困而兼愛　大英雄也（謙001000+困
010110）

9. 艮是相安的高山　訟是矛盾的互斥

大過是一種孤高與矛盾　受萬人的排斥也能與自己相安

不凡不是孤高　是對自己的多情　在眾生排斥下的多情（艮
001001+訟010111）

10. 蹇是阻擋　解是解開

大過是不斷地解開阻擋與阻擋解開　最後練就一套最強的阻擋與
解開

蹇是防守的盾　解是神射的箭　能守能攻是不凡的武藝（蹇
001010+解010100）

11. 漸是演化　未濟是再續

大過是不斷的演化與改進　直到最強　或最貪婪（漸001011+未
濟010101）

12. 小過是最小的經過　坎是垂直交錯

大過是大大的超越　與小過的細細糾纏相垂直交錯

大過是房屋的棟樑　小過是細部裝潢　彼此交坎（小過001100+
坎010010）

13. 旅是行遠　渙是擴散

行遠可以超越孤陋　擴散可以超越局限

大過是用心的閱讀來行遠　用善良的傳播來擴散

旅的行遠爲了近明　渙的擴散爲了稀釋　前者得智慧　後者得逍
遙　故彼此超越（旅001101+渙010011）

14. 咸是感性　師是作戰訓練
大過是有堅實的訓練　又有敏感的覺知　是金牌選手的必要條件
敏感的覺知與一貫的堅持造就彼此的超越與不凡（咸001110+師
010000）

15. 遯是退隱　蒙是模糊
大過是刺眼的光　會讓人看不清楚直到完全盲目　一如把平凡的
世界隱藏不見
隱藏是模糊的極端　好奇的發蒙擊蒙是退逃的極端（遯001111+
蒙010001）

16. 復是回復　夬是啟動
大過是果決地啟動　又迅速地回復　像超人一樣（復100000+夬
111110）

17. 頤是循環的圓　乾是抗逆
大過是破壞地球生態的循環　像人類破壞環保的倒行逆施（頤
100001+乾111111）

18. 屯是盤旋　大壯是強攻弱
大過是超越攻伐　相安於盤旋　也是超越盤旋　剛柔相攻
大過的獨霸與大壯的征討　兩者的一念之差彼此盤旋（屯
100010+大壯111100）

19. 益是幫助　大有是多元
善良的大過是多元的幫助　創造極端值可以幫助多元世界的豐富
（益100011+大有111101）

20. 震是波動是驚懼　需是相需相愛

大過是獨夫　遠離相需　故與需相震

震是氣韻　需是相愛　在氣韻與驚懼中相愛　是不凡的愛（震100100+需111010）

21. 噬嗑是修錯　小畜是積小與突變
大過是小錯的積與變　也是專制政權用刑法治國的暴秦再現（噬100101+小畜111011）

22. 隨是跟隨　泰是順泰
大過不喜歡跟隨　與隨作最大的交換
太平盛世是泰　需要不凡的跟隨與領導（隨100110+泰111000）

23. 無妄是無常　大畜是大數
大過是人工智慧　超越機器的極限　駕馭無常的大數（無妄100111+大畜111001）

24. 明夷是藏真　兌是相談
明夷的極端是坦白說出　坦白的極端是互相欺騙（明夷101000+兌110110）

25. 賁是美化　履是擇活命的路
用美化的故事指引命運的選擇　用生死之重決定故事的美化　是史詩般的生命力　是可歌可泣的大過（賁101001+履110111）

26. 既濟是滿足　歸妹是嫁到未來
大過是遠離現世的滿足　把生命寄託在未來的掌聲（既濟101010+歸妹110100）

27. 家人是組合與相惜　睽是分別與對立
既組合又分別的矛盾　既相惜又對立的愛恨交加　是大過的情節是所有電影必備的元素（家人101011+睽110101）

28. 豐是放大　節是縮節

超越放大而看到縮節的好處　超越縮節而看到放大的樂趣　就是
大過（豐101100+節110010）

29. 離是複製　中孚是互信
不凡遠離平凡的複製　來到與神互信的高度
不凡的獨夫心理與中孚的與神同心　兩者相映（離101101+中孚
110011）

30. 革是改變　臨是親近
大過始於改變現狀　終於君臨天下
大過與親臨彼此相革（革101110+臨110000）

31. 同人是化同　損是簡化
大過遠離同人　把世界簡化成一場空　只剩自己偉大的成就
簡化是老子的大道求無　大過是墨子的成仁取義　兩者化同（同
人101111+損110001）

31. 遇合與共生（遘=○11111）

世界是人群的共生體　各樣的人活在彼此的四周
產生互利的關係
身體也是一個共生體　許多的細菌病毒活在身體內　互助共生
人類馴化了許多動植物　稻麥水果與豬牛雞犬馬　幫助了幸福
慧星撞地球也是一種遇合　萍水相逢到心靈交合
結髮一生到繁衍千年　都是遘的共生

1. 剝是剝壞與結局　大過是超越
　超越了剝壞可以形成恆久的共生體　結束了超越　就是不凡與平

凡的共生（剝000001＋大過011110）

2. 比是連比　鼎是創新與營高
    共生的文明是超越單一文明的連比　是不斷創新營高的大文明共
    生體（比000010＋鼎011101）

3. 觀是觀想　恆是持久
    觀的短暫與恆的長久可以相共生
    藏在心中相碰撞的觀想　經過時間考驗後變成相安的共生觀
    靜觀與持恆的世界相共生　經過馴化的觀用心與世界作持久的遇
    合（觀000011＋恆011100）

4. 豫是順動　巽是容忍
    容忍任何的順動　用順動挑戰最大的容忍　就是共生的過程（豫
    000100＋巽011011）

5. 晉是求知求名　井是通路
    在求知與名的世界　我們共生在種種追求的通路中（晉000101＋
    井011010）

6. 萃是聚多與結晶　蠱是挑戰與淘汰
    先聚再挑戰　先淘汰再結晶　就是共生的形成（萃000110＋蠱
    011001）

7. 否是否定　升是升華
    無法升華時生命選擇共生　馴化是否定的升華　馴化後的物種促
    進了共生（否000111＋升011000）

8. 謙是均平　訟是相斥
    共生不是均平的分配　而是寄生與被寄生　是不公平的分配　是
    矛盾中的互補（謙001000＋訟010111）

9. 艮是獨立而相安　困是被圍在界限中

共生是困在一個範圍內相安的物種　相近與相安的個體發展出雜種與純種的困界（艮001001+困010110）

10. 蹇是阻擋與保護　未濟是未填滿的空隙

　　共生是活在彼此的空隙中　設法填滿彼此的缺乏　又受同一條河的阻擋與保護（蹇001010+未濟010101）

11. 漸是演化　解是解開

　　解開演化的禁錮　開始共生的大結合

　　循序漸進的追求　可以轉化解散的命運　形成迄合與共生（漸001011+解010100）

12. 小過是最細的糾纏　渙是最廣的傳播

　　共生是糾纏與傳播的平衡態　一如病毒與人類的攻防　最後達成共生體（小過001100+渙010011）

13. 旅是行遠　坎是交錯

　　迄是共生與遇合　行遠往前　共生往左右　是不同維度的交坎（旅001101+坎010010）

14. 咸是感性　蒙是看不清楚

　　敏銳的感性與模糊的覺知可以共生　互補彼此的優缺　一如睡夢與清醒（咸001110+蒙010001）

15. 遯是隱形　師是戰爭

　　共生是持久的隱形戰爭　像病毒與人體的免疫系統

　　共生不是攻佔　卻是隱形的雙贏（遯001111+師010000）

16. 復是復原　乾是抗逆

　　共生是不停的相抗　也是無法復原的遇合（復100000+乾111111）

17. 頤是循環的圓　夬是最快的啟動

頤也是共生的生態　是更大的循環共生　而逅是從遇合開始啟動
一連串的共生　造成頤持久的生態（頤100001+夬111110）

18. 屯是盤旋　大有是多元
逅是多元的盤旋　一如婚姻　在共生或離異間盤旋（屯100010+
大有111101）

19. 益是幫忙　大壯是征服
共生是用幫忙代替征服　用互利征服彼此的心（益100011+大壯
111100）

20. 震是波動　小畜是積而變
逅是遇而合　逅與小畜互震
震是以牙還牙　逅是一見鍾情　小畜是因愛生恨　因恨生愛（震
100100+小畜111011）

21. 噬嗑是修錯　需是相需
共生是在命運相需中細嚼慢嚥的每天（噬100101+需111010）

22. 隨是跟隨　大畜是最大的集合
跟隨的最大集合是與神的共生（隨100110+大畜111001）

23. 無妄是無常　泰是順泰
能與無常共生的我們　享有最順泰的幸福（無妄100111+泰
111000）

24. 明夷是藏明　履是擇路
共生是王道的祕法　命運的祕密藏在互利共生（明夷101000+履
110111）

25. 賁是美化　兌是相談
共生是活在相談的心中　活在彼此美麗的故事中（賁101001+兌
110110）

26. 既濟是調和　睽是分別

共生是調和後的分別與對立　共生不同於陰陽調和　是不調和也可接受的相合（既濟101010+睽110101）

27. 家人是組合　歸妹是迎向未來

共生是與未來結合的家人　也是割捨了家人的未來

共生是現在的家人與未來的親家（家人101011+歸妹110100）

28. 豐是放大　中孚是相信

共生是放大的互信　也是用神的信仰放大有限的生命（豐101100+中孚110011）

29. 離是複製　節是縮節

共生不單是自我複製　是分節後的生命複製彼此的相需（離101101+節110010）

30. 革是改變　損是簡化

遇合簡化了改變　姤合是革變的最簡

互利共生的改革支持了個體的自我簡化（革101110+損110001）

31. 同人是化同　臨是接近

共生是相接近的生活　也是化同彼此的實踐

姤合與臨幸化同　只是用男用女的觀點不同（同人101111+臨110000）

32. 還原與反復（復=100000）

年歲的方向是由年輕到年老　回春與返老還童就是還原與反復
離家遠遊的復是回家　找回初心　傷口癒合　睡飽後精神百倍
馬達不停運轉一百年　金剛不壞的身體　都是復卦的能量
不斷重復可以是生生不息　也可以是迷戀上癮　這是復卦的迷失

1. 剝是剝壞　頤是正反顛倒的循環
   復是再生　是剝壞的顛倒　復與剝形成了生滅的循環（剝
   000001+頤100001）

2. 比是結盟與連比　屯是盤旋

　　自旋與連比是相還原的心態

　　交朋友可以重復　盤旋也可以

　　盤旋時的圓周是復　圓心是比　復繞著比盤旋　一圈一來復

　　比若是符號　屯就是寫作　寫作是符號的反復使用（比000010+屯100010）

3. 觀是觀想　益是幫助與善良的心

　　靜觀與出手幫忙是相還原的心態

　　觀想時時可重復　幫忙也是

　　觀想可以幫忙還原初心　善良可以淨化觀想（觀000011+益100011）

4. 豫是自由的往　震是來回的波動

　　復是乖乖地回　豫往或復回　偏差或持中　形成震的波動（豫000100+震100100）

5. 晉是普世的知　噬嗑是修錯

　　復是不斷咀嚼的下巴　知識是反復修錯後的標準（晉000101+噬100101）

6. 萃是類聚與結晶　隨是跟隨

　　萃是數列　隨是相隨的一對數字　數列是反復相隨的數目字

　　相隨的還原是亂聚　也是萃聚的最初態（萃000110+隨100110）

7. 否是否定　無妄是無常

　　無常的否定是有常　有常是反復無常的還原

　　還原是回到有常的最初態　反復是從不否定到不停地否定（否000111+無妄100111）

8. 謙是將心比心　兼顧彼此　明夷是藏明　真假難分

復是回到初心　是照顧自己的私心　是隱藏中的勞謙

明夷是藏玉與含章　是謙卑的自隱與還原心的自明

明夷是對知與大名世界的低藏與還原（謙001000+明夷101000）

9. 艮是獨立與隔絕　賁是美麗的故事

復是從共譜一個故事回到漠不關心

從絕情的你我回復到共譜一段戀曲（艮001001+賁101001）

10. 蹇是阻隔　既濟是相濟的雙方

當蹇阻隔開了兩岸　相濟便不通　當蹇阻圈住了兩顆心　同岸相濟便開始

復是對岸與同岸間的反復（蹇001010+既濟010101）

11. 漸是演化　家人是組合

生命是一種化學　生生不息的復是不停的組合與演化（漸001011+家人101011）

12. 小過是在細節處糾纏　豐是放大

復是不斷用放大發現細節　用細節還原真相（小過001100+豐101100）

13. 旅是行遠　離是複製與相映

複製是反復的COPY　也是由1變N的行遠

生生不息需要長遠的複製

行遠與回家相反　行旅與還原相映離（旅001101+離101101）

14. 咸是感性　革是革變

感性的重復會產生革變　譬如迷戀與上癮

快樂是一種感性　重復的快樂會改變感性的基調　變成不容易快樂（咸001110+革101110）

15. 遯是退隱　同人是化同

復是反回　化同退隱

還原是化同初態　初態是抹掉一段經營　退回空無（遯001111+
同人101111）

16. 師是訓練作戰　臨是登臨

訓練後就無法還原　卻可反復登臨眾生

反復的練兵　是君臨天下的還原

訓練與表演　作戰與登位　是相復相生的兩端（師010000+臨
110000）

17. 蒙是模糊與扭曲　損是簡化

模糊是最簡化的還原

復既是反復又是還原　復的雙義有強烈的模糊感

還原與簡化都產生事物的扭曲

發蒙與損蒙是反復還原彼此的兩端（蒙010001+損110001）

18. 坎是交錯　節是製造節點

重復交錯的線製造了彼此的分節

交坎是相垂直的復　分節是斷續的復

無所不在的復代表生生不息的思維　是不停地垂直與斷續的維度
世界（坎010010+節011010）

19. 渙是擴散　中孚是互信

信心的渙散要用互信來回復

互信的反復是大信的傳播與擴散（渙010011+中孚110011）

20. 解是解開　歸妹是迎向未來

反復解開今天的束縛　就是迎向未來

還原歸妹的婚約　就是解開婚約

歸妹的割捨與祝福包含了此解彼復的兩種能量

歸一的運算是反復地解開過去的連結　直到遠方的目的地來到
（解010100+歸妹110100）

21. 未濟是再續　睽是分別
復是重復看同一部錄影帶　再續是看不同的續局　所以復與未濟
相分別（未濟010101+睽110101）

22. 困是圍困與界定　兌是相談
反復的相談可以界定最精確的共識
還原了圍困就開始溝通談判（困010110+兌110110）

23. 訟是矛盾與相斥　履是擇路
履道日遠　要復就不容易　所以履與復相斥
還原愛恨交加的矛盾後　命運的路就開始好走
訟斥之力是人生擇道的原力　我們總是選擇不喜歡的另一邊　回
道喜歡的方向（訟010111+履110111）

24. 升是升華　泰是交換
升華到虛冥　與回復到童年　是方向與虛實最大的交換
泰是繁忙的生意　復是假日休息　泰與復是彼此的升華（升
011000+泰111000）

25. 蠱是淘汰　大畜是歷史的全記錄
復是一切重來　是把全歷史作淘汰
歷史是不停重復的淘汰之賽局（蠱011001+大畜111001）

26. 井是通路　需是相需
一口井可以反復解決對水的相需
反復的相需會形成一種通路（井011010+需111010）

27. 巽是彈性與包容　小畜是積與突變
彈性是在積變之後最容易復原的性質

反復的質變形成最大的包容（巽011011＋小畜111011）

28. 恆是持久　大壯是強攻弱

能隨時復原並且反復一事　是持久強壯的慣性（恆011100＋大壯111100）

29. 鼎是創新與營高　大有是多元

反復的創新形成多元的文明

創新或復古也是多元的選擇（鼎011101＋大有111101）

30. 大過是不凡與超越　夬是啟動

超人是最快的啟動與復原的總合（大過011110＋夬111110）

31. 姤是遇合與共生　乾是抗逆

還原了乾龍的抗逆　就是相共生的萬物

還原了馴化　就是抗逆成性的猛獸（姤011111＋乾111111）

33. 顛倒與循環（頤=100001）

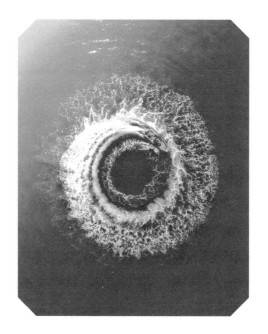

顛倒的方向會形成來回的循環
循環的顛倒還是循環　是反向的循環
化學的世界充滿組合與分解的循環　經濟的世界也是
數學的運算也是
循環的總合是一個最大的集合　萬物的生滅形成我們的生態圈
是超越生命的慧命　就是頤卦的能量

1. 剝是剝壞與結束　復是回復與還原
   頤是一個生態　萬物生滅循環的大圓　是剝與復相顛倒而形成的
   生養圈（剝000001+復100000）

2. 比是對比　是倍數與比率的運算　益是加法

（A/B）是比（A+B）是益　當B變大時　比值變小　益值變大　比追求1/N的一統天下　益追求1變N的加值　比與益所求顛倒（比000010+益100011）

3. 觀是觀想　屯是盤旋

觀是心智最遠的運算　屯是動靜最細微的盤旋　人生在唯心的觀與唯物的屯中循環

觀是閱讀　屯是寫作　兩者相頤（觀000011+屯100010）

4. 豫是誤差與不準度　噬嗑是修錯求正

豫與噬兩者對誤差的態度相顛倒　形成善惡的生態循環（豫000100+噬100101）

5. 晉是唯一的標準　震是來回的波與共鳴

晉是絕對的專制　震是政黨輪替　晉與震追求的政治目標顛倒（晉000101+震100100）

6. 萃是聚與結晶　無妄是無常

萃是太平盛世的秩序　無妄是亂世的無常　兩者在歷史中顛倒且循環（萃000110+無妄100111）

7. 否是否定　隨是跟隨

對生命的否定與活在與神的跟隨　是相顛倒的人生（否000111+隨100110）

8. 謙是天下爲公　賁是自戀與美化的心

求公平的心與美化自我的心顛倒　在藝術生命中普遍化與至美化彼此循環（謙001000+賁101001）

9. 艮是相安與獨立　明夷是藏明與相欺

相安與絕緣造成健全的個體　相欺與藏眞造成和睦的群體

是彼此顛倒的心　也是人心在處世中循環（艮001001+明夷101000）

10. 蹇是相隔　家人是相惜
    蹇是築高牆與自我保護　家人是組合團隊並分工合作　在人倫中兩種心態顛倒而循環（蹇001010+家人101011）

11. 漸是演化與發展　既濟是調和滿意
    演化是求明天的滿意　調和是演化暫時的到位　演化或調和兩者不斷循環（漸001011+既濟101010）

12. 小過是細節中的糾纏　離是遙遙相映　兩者的遠近關係顛倒（小過001100+離101101）

13. 旅是行遠　豐是放大
    兩卦相綜　能量顛倒　是求美的人生的兩種手法（旅001101+豐101100）

14. 咸是微變的覺知　同人是化同的哲理　兩卦的用心顛倒（咸001110+同人101111）

15. 遯是退隱　革是革變
    躲起來與進行革命的作法相顛倒（遯001111+革101110）

16. 師是訓練作戰　損是簡化
    訓練可以求戰　簡化求和　兩卦的目的顛倒（師010000+損110001）

17. 蒙是模糊　臨是接近
    不求甚解的模糊與登臨表演的實踐　是兩種顛倒的態度
    難得糊塗與征服觀眾的人生相顛頤（蒙010001+臨110000）

18. 坎是交錯　中孚是互信同心
    互坎互阻與同心互信的心態相顛倒（坎010010+中孚110011）

19. 渙是擴散　節是縮節　兩卦相綜　是相顛倒的卦意（渙010011+節110010）

20. 解是諒解　睽是歧視與分別　兩卦相錯加相綜
    解卦停止對立　睽卦持久對立　故相顛倒（解010100+睽110101）

21. 未濟是再續的明天　歸妹是歸而有終
    歸妹是投手把今天的球丟向明天　未濟是明天還有比賽　兩卦是循環圈的由小合大（未濟010101+歸妹110100）

22. 困是界定與圍困　履是擇路而行
    困是最小的集合　履是自由意志的發展　集合自由意志的小集合就是最圓滿的大集合（困010110+履110111）

23. 訟是矛盾的相爭　兌是和悅的對談
    訟與兌相顛倒　也形成了議事的循環（訟010111+兌110110）

24. 升是升華　大畜是全記錄
    升是向上求虛空　大畜是考古挖地　升迎向明天　大畜尋找過去兩卦相顛倒（升011000+大畜111001）

25. 蠱是淘汰　泰是獨霸的恐龍
    淘汰了獨霸　才能形成和平的生態　激烈的淘汰賽與獨霸的出現默默循環著
    和頤的生態與激烈的擂台是最大的交換（蠱011001+泰111000）

26. 井是通路　小畜是積小與突變
    小小的通路形成小小的循環圈　通路的積變形成GOOGLE的大生態
    頤是通路世界的積與變（井011010+小畜111011）

27. 巽是容忍與彈性　需是相需

相需是無所不在的萬有引力　彈性是時空可以無限被彎曲的能力

宇宙是質能與引力的總合　也是質能彎曲時空的總合

用愛恨彎曲生命的總合就是人生（巽011011+需111010）

28. 恆是守恆與持久　大有是多元

守恆與求異相顛倒　合成一個可同可異的生態大圓（恆011100+
大有111101）

29. 鼎是營高的文明　大壯是攻取柔弱

自我營高與攻伐他人是文明發展的過程　高度與廣度的相循環
（鼎011101+大壯111100）

30. 大過是不凡　乾是抗逆

不凡是超越別人　抗逆是戰勝自己　戰勝天意　兩卦形成一個戰
鬥的大頤（大過011110+乾111111）

31. 姤是遇合共生　夬是啟動　兩卦相綜

姤是最漫長的磨合　夬是最快速的決戰　兩卦形成共生與決戰的
大頤（姤011111+夬111110）

34. 盤旋與螺進（屯=100010）

天體的動靜平衡是盤旋與螺進

是離心力與向心力的平衡　或說是萬有引力與動量間的平衡

血液在血管中流動　在傷口處凝固　也是動靜的平衡

許多馬拉一輛車　每匹馬的動靜不一

造成了馬車的躊躇與盤桓　是屯卦的乘馬班如

萬物都在流與凝兩相間盤旋　像牙膏與血液又流又凝

靜旋動進　都是屯卦的能量

1. 剝是剝壞與停止　益是加值與幫助

   屯是用剝的靜與益的動相盤旋　時間的剝去與人生的加值也是一
   種動靜平衡（剝000001+益100011）

2. 比是往橫的連比　復是前後的來回

比與復的方向相垂直　像盤旋時圓心與圓周的關係

像漩渦的水不斷轉圈子向下流

盤旋的心意是不斷重復的連比　也是從眾多連比關係中不斷還原

到獨自螺進（比000010+復100000）

3. 觀是遠觀　頤是大圓的輪轉

屯是小圓的自旋　用遠觀的角度看　地球的自旋會看成太陽的繞

地球轉　任何大圓的輪轉都可觀成小圓的自旋

靜觀與頤養形成動靜的相屯　靜觀的顛倒是辛苦的螺進（觀

000011+頤100001）

4. 豫是順動　隨是跟隨

萬物在順動與跟隨間盤旋　在誤差與秩序間螺進（豫000100+隨

100110）

5. 晉是公認的標準　無妄是與無常相安

人生在求知求名的路上螺進　在好名與壞名間盤旋（晉000101+

無妄100111）

6. 萃是聚與結晶　震是波的來回

螺進的投影就是波的來回　把震波聚集整理就成屯的盤旋（萃

000110+震100100）

7. 否是逆境與否定　噬嗑是修錯成正

屯是對與錯的盤旋　是修錯導正與全面否定間的螺進（否

000111+噬100101）

8. 謙求均平　既濟求調和與滿意

河流蜿蜒流向均平的大海　沿途用既濟的速度享受兩岸的風景

盤旋是動靜的均平　阻力與動力的調和（謙001000+既濟

101010）

9. 艮是隔絕與孤獨　家人是組合與相惜
   屯是在個人與家人間的盤旋　在孤獨與相惜間的螺進（艮001001+家人101011）

10. 蹇是心與心之間的大河　阻隔了溝通　明夷是藏在心中的祕密
    沒有蹇河的保護就用明夷來欺騙　欺騙是真與假的盤旋　在不溝通與偽裝之間盤旋（蹇001010+明夷101000）

11. 漸是形的演化　賁是形的界定
    漸是生命離開邊界的盤旋　賁是美麗回到邊界的盤旋
    萬物在演化與定形間作美的盤旋（漸001101+賁101001）

12. 小過是細節中的盤旋　革是變與不變的盤旋
    當心螺進細節的世界　同時開啟了大革大變的盤旋（小過001100+革101110）

13. 旅是行遠　同人是化同
    心的行遠美不勝收　身的盤旋如仙女舞風　旅卦與屯卦化同彼此
    （旅001101+同人101111）

14. 咸是感微　豐是放大
    微感可以放大生命的覺知　放大的心是通天地的耳目　可以盤旋天地的至大至微（咸001110+豐101100）

15. 遯是退隱　離是相映
    屯是在險阻中的前進　是美麗的盤旋　與退隱的人生相映離
    退隱與相映是明暗的盤旋（遯001111+離101101）

16. 師是用眾的訓練　節是縮節的自我
    屯卦的乘馬班如是紀律未出時的訓練不足　屯卦的女子貞不字
    十年乃字　是用節的克制
    以一律萬是師的御眾　以一分萬是節的縮節　一與一萬的相盤旋

是屯中用師有節（師010000＋節110010）

17. 蒙是模糊的心在問答間盤旋　中孚是相信的心在說聽之間盤旋
相信的心不問為什麼　蒙蔽的心不知信或不信　或信或蒙　是心
智永恆的盤旋（蒙010001＋中孚110011）

18. 坎是交錯的維度　臨是接近
螺進是在旋轉中前進　也是用換維的方向接近目標（坎010010＋
臨110000）

19. 渙是擴散的巨風　損是簡化
屯的自旋是簡化的巨風　像靜坐的高僧用心的自旋暢遊宇宙（渙
010011＋損110001）

20. 解是解開　兌是相談
解是脫離軌道　屯是盤旋在軌道上　解與屯主導了心的對談
解是解開疑惑　兌是知心對談　人際關係在知心與解惑間盤旋
（解010100＋兌110110）

21. 未濟是再續的未來　履是擇路
履卦的視履考祥其旋元吉　說明未知的未來與已知的選擇可以形
成一個迴圈
用旋的走法可以貫穿已知與未知的命運
面對無知未來與已知選擇　心用盤旋螺進　而非跳躍或循環（未
濟010101＋履110111）

22. 困是圍困與界定　歸妹是割捨與歸終
困是盤旋自足於界內　歸妹是盤旋歸向界外　是向外離散
盤旋是用界內的自旋緩慢升歸界外　反之亦然（困010110＋歸妹
110100）

23. 訟是相爭的矛盾　睽是分別後的對立

天體的盤旋靠萬有引力的相吸不棄不離　與離心力的相斥力維持平衡　所以訟卦與屯卦睽分

不棄不離的屯與睽分而別是相爭相排斥的力（訟010111+睽110101）

24. 升是升華　需是萬有引力

盤旋是萬有引力下萬物動靜的平衡與升華（升011000+需111010）

25. 蠱是淘汰　小畜是累積與突變

蠱進是比賽中的螺進　小畜是水在冰與水氣間的盤旋

屯是在累積中自旋　在汰弱後進階（蠱011001+小畜111011）

26. 井是通路　泰是榮盛

泰是用交易的自旋達到盈利的螺進　井是用挖深的自旋達到通井的螺進

屯是馬力強大的鑽子　在泰盛中自旋　在井通後進階（井011010+泰111000）

27. 巽是包容與彈性　大畜是全記錄

屯是記憶力的搜索引擎　在大畜中自旋　在巽容中進階

屯是氣流的旋渦　在巽風中積大　在大畜中成形（巽011011+大畜111001）

28. 恆是持久　夬是啟動

屯是在持久中自旋　在啟動時進階

屯的動靜平衡啟動了持久　持久的平衡啟動了新的天體　持久的盤旋啟動了新的美麗（恆011100+夬111110）

29. 鼎是創新　乾是抗逆

屯是在抗逆中自旋　在創新時進階

是用最大的抗逆完成最難的創新（鼎011101+乾111111）

30. 大過是不凡與超越　大壯是正氣的進擊

    屯是在不凡中的自旋　在理直氣壯時進階

    而唯心的世界是在理直時自旋　在不凡時進階（大過011110+大壯111100）

31. 姤是共生　大有是多元

    屯是在共生中自旋　在多元時進階

    也是在共生態中凝結　在多元態中流動（姤011111+大有111101）

35. 加值與幫助（益＝100011）

時間不斷加長　空間不斷加大
陽光幫助萬物脫離嚴冬　雨水幫助脫離乾旱
神用天地與時空幫助萬物欣欣向榮　用愛不斷替人生加值
萬物間也互相幫助來替世界加值　都是益卦的能量

1. 剝是剝壞　屯是盤旋
　 剝壞中的萬物需要最多的幫助　也是天使每天盤旋繁忙的工作
　 因為剝壞無時不在　所以生命用自旋來幫忙與加值　一如我們與
　 地球（剝000001+屯100010）
2. 比是連比　頤是相養與循環

連比是領導　益是幫忙　兩者相顛倒卻相養　生態圈形成靠的是萬物連比與幫助的關係

在圍棋比賽中　誰的落子連比最廣　加值最多　誰就能勝出

生命經過相連比與加值中升階成不朽的慧命（比000010+頤100001）

3. 觀是觀想　復是還原

觀想可以幫助還原初心　反復的心幫助觀想的成熟與加值（觀000011+復100000）

4. 豫是誤差與順動　無妄是安於無常

誤差中的順動是自由意志　可以幫助與無常天意的相安

無常的亂數幫助對誤差與自由心的理解　甚至對歡樂心的掌握（豫000100+無妄100111）

5. 晉是最明亮的標竿　隨是跟隨

晉用標竿幫助跟隨　跟隨用讚美加值標竿

巨星幫助相隨的願意　相隨幫助巨星的光環（晉000101+隨100110）

6. 萃是聚與結晶　噬嗑是修錯

給人最好的位置與秩序　可以幫助他們修正錯誤

會自我修錯的心　可以幫人生變成閃亮的晶鑽（萃000110+噬100101）

7. 否是否定與逆境　震是來回的波

否定與加值是反向相震的波　否定會加大恨意的相震　震驚的心會導向否定的情緒

共鳴的歌聲幫助渡過否逆的生活　報仇的心幫助的過否定的人生

幫助是拒絕的震波　也是報復的否定（否000111+震100100）

8. 謙是求均　家人是組合美麗
求均與公平心可以加值家人相處的美善　分工合作的團隊心可以加值角色的公平性（謙001000+家人101011）

9. 艮是隔絕與獨立　既濟是調和與滿意
隔絕的環境加值了調和的甜美　自足心加值了自主與孤獨
絕情然後知足於自愛　知足然後與世相安（艮001001+既濟101010）

10. 蹇是阻隔的河　賁是美的邊界
阻隔加值了美的邊界　美的邊界加值了一條凶險的河
美麗是不斷加值的危險與阻力（蹇001010+賁101001）

11. 漸是演化　明夷是藏明
演化的祕密是不斷替生命加值與幫助　漸強的演化加速隱藏衰弱的過去
自導自演加值了虛偽　無知加速了演化的進程（漸001011+明夷101000）

12. 小過是細節的世界　同人是化同
當生命進到DNA的細節　細菌與人類也化同了
增加細節是生命最美妙的加值　溫柔　謹慎　精確　細心　不躁不懶　不棄不離　諸多美德
詩的細節化同了萬物　化同天地的細節是寫詩的天使心（小過001100+同人101111）

13. 旅是行遠　革是變形
行萬里路加值了心的變革　善良的加值讓人生可以行遠可以經變（旅001101+革101110）

14. 咸是感微　離是相映

益的加值是天使般的善良與幫助　感微的心與善良相映
感微的心強化了天地間美妙的映離（咸001110+離101101）

15. 遯是退隱　豐是放大
背景的退隱幫助主體的放大　放大的光幫助了背景的退隱（遯
001111+豐101100）

16. 師是練兵　中孚是相信
練兵備戰的辛苦加值了同仇敵愾　信仰幫助了練兵的強度（師
010000+中孚110011）

17. 蒙是看不清　節是縮節
看不清遠方強化了在生活近處的分節　節氣幫助生活在模糊的氣
象　章節的手法幫助理解模糊的故事（蒙010001+節110010）

18. 坎是交錯　損是簡化
加值與簡化的方向垂直交錯　屬於不同維度的操作　而非相反的
方向
留在原點附近的觀察可以加強簡化的工作　簡化的工具可以幫助
多維的思考
超維思考就是損卽益　益卽損　就像吃虧就是獲利　幫助快樂就
是減少痛苦（坎010010+損110001）

19. 渙是擴散　臨是接近
擴散與傳播幫助了君臨天下　接近大眾加速擴散感動（渙
010011+臨110000）

20. 解是解開　履是擇路
解開了心結幫助正確的選擇　謹慎擇安幫助解開危機
解是禪的頓悟　履是與命運糾結　兩者互相幫忙（解010100+履
110111）

21. 未濟是再續　兌是相談

不足與再續的心幫助了相談的動機　相談的心幫助了不足與遺憾

一個談心的知己幫助了人生的遺憾　無窮的不足幫助了相悅的友

誼（未濟010101+兌110110）

22. 困是圍困與界定　睽是分別

幫助與圍困是對立的心　界定了範圍後幫助了內外的分別

困是密不透風的擁抱　睽是相分別　彼此相加值（困010110+睽

110101）

23. 訟是相爭與矛盾　歸妹是割捨後的前進

訟爭幫助了歸逃復命　歸一的心強化了矛盾（訟010111+歸妹

110100）

24. 升是升華　小畜是積小與突變

升華加值了積變的成果　靈感幫助了升華的力道　升華成空與積

小成多是幫助的雙手（升011000+小畜111011）

25. 蠱是賽局　需是相需

賽局中的關係幫助了相需的情感　相需的關係幫助彼此的汰弱存

強

用愛相爭　用賽相愛　蠱需相益　相得益彰（蠱011001+需

111010）

26. 井是通路　大畜是全記錄

考古的挖深幫助了歷史的還原　圖書記錄幫助了知識的通路

井收勿幕的分享心與何天之衢亨的大畜心相益（井011010+大畜

111001）

27. 巽是彈性與容量　泰是順境昌盛

寬容與彈性幫助了泰順　熱絡的生意幫助了寬容與彈性

巽亂無章與泰順旺盛相益（巽011011＋泰111000）

28. 恆是持久　乾是抗逆
為生命加值等同持久的戰勝自己　持久的本質是在抗逆中自我幫助的慣性
天行健君子以自強不息　天與君子相益　健與不息相益（恆011100＋乾111111）

29. 鼎是創新營高　夬是快速啟動與精密
不斷的創新幫助了夬的設計　快速啟動的設計幫助了文明的高度（鼎011101＋夬111110）

30. 大過是不凡與超越　大有是多元
不凡幫助了多元　多元的心遊盪在讓自己不凡與助人為善之間
在超越中多元　在多元中超越　就是益的加值人生　一如精采與豐富（大過011110＋大有111101）

31. 姤是遇合與共生　大壯是攻取
共生態是用幫助的方法攻取彼此的心　攻取的行動幫助往後的共生關係
個體的馴化幫助共生體的壯大　壯大的個體幫助共生體的馴化（姤011111＋大壯111100）

36. 波動與共鳴 (震=100100)

　　萬物皆波　超弦的震波生成這個宇宙　我也不懂
　　但水波的漣漪　缽音的振盪　平行鏡面的反射　我們都熟悉
　　心情在悲喜間波動　智慧在是非間波動　心和心會共鳴
　　在善惡間共鳴　在敵友間共鳴
　　波動會產生氣韻　是波的形狀　氣韻的美藏在歌聲裡
　　在舞蹈中　在故事的情節　都是震卦的能量

1. 剝是剝壞　噬嗑是修錯
　　在時間漸剝的人生中　我們努力修正錯誤　或左或右　或快或慢

形成一條長長的波紋

人生是一條美麗的波線　一條蜿蜒修正與剝壞的路　直到結束

（剝000001+噬100101）

2. 比是連比與領導　隨是跟隨

震是在領導與跟隨之間的共鳴波　也是尋找同伴與友群的技巧

（比000010+隨100110）

3. 觀是觀想　是有妄的心意　無妄是平常心　是天意

觀想中的有常與無常迅速地波動著　幻想與現實　心意與天意

都在波動中相震（觀000011+無妄100111）

4. 豫是自由的順動　復是還原

萬物用一萬種自由與一種還原相震　不停地擾動　形成美妙的氣

韻（豫000100+復100000）

5. 晉是唯一的太陽　頤是生態與循環的大圓

太陽的光照耀著地球的生態　太陽的生滅與生態的生滅彼此共鳴

唯一的標準與顛倒的想法相震　形成智慧的生態（晉000101+頤

100001）

6. 萃是聚與結晶　屯是盤旋

盤旋是三度空間的震動　震波是二維的盤旋　盤旋與波動存在聚

與結晶的關係（萃000110+屯100010）

7. 否是否定　益是加值

否定的心與幫忙的心相震（否000111+益100011）

8. 謙是求均　豐是放大

天下為公與自戀的心相震（謙001000+豐101100）

9. 艮是隔絕與獨立　離是相映

波動是星光與我　我與星光最遙遠的相映（艮001001+離

101101）

10. 蹇是阻隔的盾　革是除舊的刀

    盾的守護與革的大刀闊斧相震（蹇001010+革101110）

11. 漸是演化　同人是化同

    漸產生新的物種　同人化同天地萬物　兩者相震

    漸是漸漸離遠的異化　與渙漪相似　所以漸化同震（漸001011+
    同人101111）

12. 小過是活在細節　明夷是藏眞

    細節可以求眞　求眞與藏眞相震

    外相與無相　細節與大綱　眞與假　彼此相震（小過001100+明
    夷101000）

13. 旅是行遠　賁是美化與定形　兩卦內外卦互換

    行遠是尋找故事的題材　美化是把題材寫成故事

    故事在美麗的心與行遠的時空間來回波動（旅001101+賁
    101001）

14. 咸是感性　既濟是調和滿意

    感性追求最敏感的覺知　最大的感動　既濟則求不冷不熱　適足
    的溫度

    所以感性與適足心相震　或說感性在震動中得到滿足（咸
    001110+既濟101010）

15. 遯是退隱　家人是相惜

    遯入空門或退隱山林　與組成家人追求天倫之樂相震（遯
    001111+家人101011）

16. 師是訓練作戰　歸妹是和親結親

    用兵與和親相震

以一統萬的師　與由萬歸一的歸妹　方向相震（師010000+歸妹110100）

17. 蒙是模糊　睽是看清分辨

模糊與看清楚相震　用震波可以去除蒙蔽迎來分明　也可以震盪分明復歸模糊（蒙010001+睽110101）

18. 坎是垂直交錯　兌是平行相談

交錯的垂直與相談的平行彼此相震

相報復與相交心彼此相坎（坎010010+兌110110）

19. 渙是擴散　履是擇路

漫無目的的擴散是病毒的傳播　謹慎避險的擇路是虎口下的求生

震是散播與慎行間的波韻（渙010011+履110111）

20. 解是解開　臨是接近

放下與解開是拉大距離　臨則相反　兩者相震（解010100+臨110000）

21. 未濟是再續與不足　損是化簡

再續的貪與損的簡化自己　兩者相震（未濟010101+損110001）

22. 困是圍困　節是縮節

界定最小的範圍與分節創造最大的靈活　兩者相震（困010110+節110010）

23. 訟是矛盾相訟　中孚是相信

矛盾相訟與同心相信　兩者相震（訟010111+中孚110011）

24. 升是升華　大壯是用壯

升華自己與用壯攻伐　兩者相震（升011000+大壯111100）

25. 蠱是淘汰　大有是多元

淘汰異己與多元納異　兩者相震（蠱011001+大有111101）

26. 井是相通　夬是啟動

    井相通兩個舊世界　夬啟動一個新世界　通舊與啟新相震（井011010+夬111110）

27. 巽是相容　乾是抗逆

    相容是生命最大的彈性　抗逆是生命最強的堅持　兩者相震（巽011011+乾111111）

28. 恆是持久　泰是熱絡交換

    持久守恆與泰交換相震　震波是宇宙最恆久的熱交換　一如星光與生命的關係（恆011100+泰111000）

29. 鼎是創新　大畜是全記錄

    創新的營高與考古的挖深相震（鼎011101+大畜111001）

30. 大過是不凡與超越　需是相需

    不凡的超人與平凡的需求間　存在理想與現實的相震（大過011110+需111010）

31. 逅是共生　小畜是突變

    漫長的共生之路與累積突變的生命故事　構成生命美麗的波韻

    逅是人類與寵物的關係　小畜是人類與天使的關係　兩者相震（逅011111+小畜111011）

37. 修錯與校正（噬嗑=100101）

人生追求眞善美需要修錯與校正

類似用牙咀嚼食物　把它變成可以吞食與吸收的營養

類似法治的用刑　用處罰校正邪惡　復歸善良

也類似醫生診斷病情　用排錯與篩選來求得正確的病因

在電腦運算時　用過濾的技巧來尋獲答案　都是噬嗑卦的能量

1. 剝是剝壞與結束　震是波動

   波的來回不停與漸剝而止　是相對抗的兩種修正力

   而用剝來修錯　可以產生共鳴與圓滿的震波

   用震波來校正　可以加速得到正確的碩果（剝000001+震
   100100）

2. 比是可以相比的有理數　無妄是無法相比的無理數

有理數與無理數存在相噬相修的關係

比是連比　無妄是亂數

或寬或嚴的連比在文字的意義上產生諸多亂數　這是自然語言永遠需要修正的理由

比的領導修正無妄的亂　無妄的自由修正比的專橫（比000010+無妄100111）

3. 觀是觀想　隨是跟隨

觀想的因果秩序是邏輯推演　也是修正與診斷的功夫

觀想經過長期修正後　才產生相信與讚美的跟隨

觀太靜遠　隨太近執　兩者相修正（觀000011+隨100110）

4. 豫是不停的誤差　頤是最大的集合或循環

集合愈大誤差就愈歸正常　修正誤差或修正範圍　都可產生和諧的生態

修正的想法與自由的豫動是相顛倒的想法（豫000100+頤100001）

5. 晉是標準　復是還原

修正是不停復原與更新的標準

修正可以復原標準　修正標準可以復原初態（晉000101+復100000）

6. 萃是聚與結晶　益是加值與幫助

用結晶去雜質的方法與修錯校正的方法是治理國家最加值的方法

萃的倫理秩序與修正的刑法是幫助盛世的左右手（萃000110+益100011）

7. 否是否定　屯是盤旋

否定的阻力減低了盤旋的速度　增加自旋的速度就減低了否定的

阻力

否定與盤旋彼此修正　修正也是用否定的方法盤旋到肯定的正果（否000111+屯100010）

8. 謙是兼顧　離是相映

相映的兩個美女　在兼顧彼此的美醜善惡中修正

或說　在鏡子前用鏡像的自我修正實體的我　用眾生的水平修正富麗的想望（謙001000+離101101）

9. 艮是隔絕　豐是放大

艮是建立個體的極限　豐是放大自我的界限　兩者相修正（艮001001+豐101100）

10. 蹇是阻隔　同人是化同

王臣蹇蹇　意思是王與臣的立場不同　所以無法同理心思考　變成同人的蹇阻

同人於宗　意思是用宗親的關係化同　反而對天下人築起了高牆

蹇與同人存在相修正的關係　同理心與防衛心也是（蹇001010+同人101111）

11. 漸是演化　革是除舊

漸的慢近與革的速改相修正　像電影的情節忽快忽慢　盪氣迴腸（漸001011+革101110）

12. 小過是在細節中糾纏　賁是在邊界定形

賁與噬嗑卦相綜　賁是加上美麗的邊　噬嗑是減去錯的內容

美化的細節要修錯　修正的細節要美化

美化的邊界與細節的內容彼此相修正（小過001100+賁101001）

13. 旅是行遠　明夷是藏真

行遠為近明　噬嗑為了復明

一生的修正與行遠把外在的美麗內化成心中的美麗

外旅求美與內藏真美彼此相修正（旅001101+明夷101000）

14. 咸是感微　家人是組合的美

用微感幫助修正可漸達家人的完美

用組合的美修正感性　可以進階感性到交響樂般的境界

諸多美德形成完整的人格　修德與完整人格間存在微分與梯度的

關係（咸001110+家人101011）

15. 遯是退隱　既濟是調和與滿意

退場的時機與滿意的程度相修正　滿意的消失就是修正的開始

（遯001111+既濟101010）

16. 師是化一的訓練　睽是分別與對立

化一與分別需要彼此修正　用鐵的紀律來貫穿萬軍與懲處個體的

犯紀行為相睽分（師010000+睽110101）

17. 蒙是不停的問答　歸妹是歸一的結論

蒙蔽不清與歸納擇一間相修正（蒙010001+歸妹110100）

18. 坎是相交錯　履是抉擇

在每個交錯處作善惡的抉擇　就是修正的路

抉擇與修正是對追求完美作相垂直的思考（坎010010+履110111）

19. 渙是擴散　兌是相談

擴散求傳播最遠　相談求共識相近　兩者相修正（渙010011+兌110110）

20. 解是解開　損是簡化

求解有時會太繁複　簡化是繁複的修正

簡化有時會太草率　理解的下限是對草率作修正（解010100+損

110001）

21. 未濟是再續的未來　臨是接近
修正是用再續的未來追求更接近自己的心
也是用接近的身心發現未來的不足（未濟010101+臨110000）

22. 困是圍困　中孚是相信
越過相信的界限是不相信　修正是移動相信與不相信的界限　直
到最安適的可信
一群人的互信會界定了信的範圍　讓另一群人困在被修正的地獄
中（困010110+中孚110011）

23. 訟是矛盾　節是分節
相訟的雙方與相隨的四季相修正　從零和的矛盾修正到黃金率般
的分節（訟010111+節110010）

24. 升是升華　大有是多元
升華是遠離修正的平面　或升或噬形成多元的變化（升011000+
大有111101）

25. 蠱是公平的比賽淘汰　大壯是以強攻取弱
賽局中的公平或不對等是蠱與大壯間待修正的難題
法治與用刑也是　正義的標準與是非的條件　充滿假性公平與恃
強欺弱的本質（蠱011001+大壯111100）

26. 井是相通與分享　乾是抗逆
乾是抗逆與戰勝命運　修正是用碎裂的方法追求完美
乾與噬嗑相通　法治求善與開井求富可以合成飛龍在天的治理能
力（井011010+乾111111）

27. 巽是彈性與寬容　夬是最快的啟動
巽與夬是彼此的缺點　所以可以相修正（巽011011+夬111110）

28. 恆是持久　大畜是大歷史

   歷史是埋藏的過去　恆是持久的未來　恆與大畜相修正

   數學運算時追求常數與追求大數是相修正的運算（恆011100+大畜111001）

29. 鼎是創新　泰是旺盛的交換

   營高的鼎與求熱的泰彼此修正　一如價格與交易量的相修正（鼎011101+泰111000）

30. 大過是不凡　小畜是積小突變

   不凡會招來修正的考驗　修正後的不凡就是小畜的日常　充滿靈變的平凡正是最高的不凡（大過011110+小畜111011）

31. 逅是共生　需是相需

   共生存在相需的關係　但藏著更多相噬相修的內容

   因相需而結合的逅　要經過相噬的考驗

   相噬與相需是共生的雙方（逅011111+需111010）

38. 跟隨與模仿（隨=100110）

結果跟隨原因　是因果相隨

事件的發生有時間的先後　相臨的物件有空間的排列次序

所以時空有相隨的關係

行為跟隨不同的動機　求名求利求生求快樂是跟隨的動機

天性的喜好與厭惡會定出跟隨的樣子

眾人會彼此模仿　學習值得讚美的事　信仰相同的神或理想

都是隨卦的能量

1. 剝是剝壞　無妄是平常心

　　隨是有所為而前進　與無所為的無妄之行存在相剝的關係

　　隨是數列　無妄是亂數　存在相剝的關係（剝000001+無妄
　　100111）

2. 比是領導與結盟　震是正反波動與共鳴

  領導與跟隨是一件事的兩面　存在相震的關係

  結盟後產生共鳴的心也是相隨（比000010+震100100）

3. 觀是遠觀　噬嗑是修正

  修正後的遠觀變成跟隨的願意

  觀想的跟隨是邏輯次序　藏著自我修正驗錯的過程

  價值觀的修正產生了相隨的動機（觀000011+噬100101）

4. 豫是順動自由動　屯是盤旋

  順動是往阻力最低的方向前進　屯是在阻力中的前進　隨是無法
  順動的隨動

  盤旋是一種特殊的順動與隨動　往阻力相垂直的方向前進

  豫是流星　屯是地球與太陽　豫與屯是不同的天體相隨

  像跳舞曲的兩人　時而擁舞　時而單舞　也像電流與磁波的關係
  （豫000100+屯100010）

5. 晉是眾人的標準　是大名的人生　益是加值　是獲益的行動

  求名與獲益是跟隨的動機　用加值的標準前進是跟隨潮流（晉
  000101+益100011）

6. 萃是聚集與結晶　復是反復來回

  跟隨是反復來回於相聚的方向　是學習結晶的人生秩序　象徵禮
  教倫理的總合（萃000110+復100000）

7. 否是否定與逆境　頤是生態的大圓

  否是死境　頤是生態　跟隨是萬物離死求生的行動

  產生圓的循環自成一個生態　不與生態外的事物跟隨

  生態內的物種間有食鏈的關係　一種我生彼死的相隨

  拒絕與跟隨是相顛倒的能量（否000111+頤100001）

8. 謙是求均求公　革是求改求變

公平的相隨是對不公的相革　對傲慢的相隨就是對謙虛的相革

革與隨是相反的行動　但是隨了A就革了B

革與隨是很難分開的兩件事

在信仰這件事上　革需要信衆的相隨　隨需要抉擇的革（謙001000+革101110）

9. 艮是獨立與隔絕　同人是統合與化同

跟隨自己是艮　跟隨天下人是同人　隨是在自己與天下人之間作排序（艮001001+同人101111）

10. 蹇是阻隔與保護　豐是放大

保護力可以確定安全　放大可以廣告行銷　追求保護與豐大是跟隨的動機（蹇001010+豐101100）

11. 漸是演進　離是相映

演進是離開軌道　隨是跟隨軌道　兩者相映離（漸001011+離101101）

12. 小過是細節中的糾纏　既濟是調和後的滿意

糾纏是相隨後距離的調和達到鉅細靡遺的程度

調和爲了精細　精細爲了滿意　既濟與小過是彼此的動機　磨合出精細然後伴隨得宜（小過001100+既濟101010）

13. 旅是行遠　家人是組合與相惜

行旅的動機是找到家人的美麗相隨

家人的動機是共渡美好的時空之旅（旅001101+家人101011）

14. 咸是感微　明夷是藏眞

感微的伴隨可以發現四周明夷的眞相

僞裝自己爲了避開別人覺察眞相（咸001110+明夷101000）

15. 遯是隱退　賁是定形

定形了A就是隱退了B　定形與隱退間存在相隨的選擇（遯001111+賁101001）

16. 師是作戰訓練　兌是相談

作戰與談和間存在相隨的選擇（師010000+兌110110）

17. 蒙是看不清　履是選擇路線

求蒙與決擇唯一間存在相隨的選擇（蒙010001+履110111）

18. 坎是交錯　歸妹是歸遠

歸遠與隨近之間存在垂直交錯的關係（坎010010+歸妹110100）

19. 渙是擴散　睽是分別

擴散與隨近之間存在對立的分別（渙010011+睽110101）

20. 解是解開　節是分節

分節的斷續兼有解開與相隨的特性　每個節點既解開了連續又堅持了相隨（解010100+節110010）

21. 未濟是不足與再續　中孚是相信

相隨就是相續　也是相信　是再續的相信（未濟010101+中孚110011）

22. 困是圍困　臨是接近

相隨就是相近到可以分享同一個界定（困010110+臨110000）

23. 訟是相斥　損是簡化

簡化或減少相斥就是增加相隨（訟010111+損110001）

24. 升是升華　夬是啟動

升華是向虛的相隨　夬是對號角的相隨　相隨是等候號角的升華（升011000+夬111110）

25. 蠱是挑戰　乾是抗逆

挑戰是對相隨的抗逆（蠱011001+乾111111）

26. 井是通路　大壯是攻取

隨是用信仰來跟隨神　易經說執其隨　意思是有人用拘捕的方式
來信仰神

相隨以通代攻　是打開心的通路　不是奪取對方的自由選擇（井
011010+大壯111100）

27. 巽是寬容　大有是多元

相隨有兩面意思　一是有秩序的相近　一是自由的選擇與跟隨

寬容與秩序是多元相異的特質　容納多元是自由的相隨（巽
011011+大有101111）

28. 恆是持久　需是相需

相隨的動機是相需　相隨的接續是持久　相隨是持久接續的相需
（恆011100+需111010）

29. 鼎是創新　小畜是積小與突變

創新是相隨的累積產生突變（鼎011101+小畜111011）

30. 大過是超越與不凡　泰是旺盛

不凡與平凡是不相隨的兩方　泰是平凡與不凡的交換　也是超越
與相隨的合一（大過011110+泰111000）

31. 逅是相遇與共生　大畜是全集合

共生是相隨的眾生　大畜是相遇又相隨眾生的全集合（逅
011111+大畜111001）

39. 無常與平常（無妄=100111）

天地之大　我們知道的很少　所以常常覺得它沒有道理
是天地無常的本質
當智慧成長了　無常的事見多了
我們漸漸覺得無常也是一種有常　這是平常心的養成
量子力學說　世界的成住壞空都是機率的波動
種瓜不一定得瓜　不努力也會成功　很多事是不可猜
不可預測　是意外的　機率的　都是無妄卦的能量

1. 剝是剝壞　隨是因果相隨

   因果相隨的剝壞　事情失去了道理　失去了邏輯　就是無妄

   隨是有次序的數列　失去了數列的次序　就成了無常的亂數（剝000001+隨100110）

2. 比是親比　噬嗑是處罰與修錯

   人際關係的無常　是一邊相親比一邊相處罰修錯（比000010+噬100101）

3. 觀是觀想　震是來回的波

   觀想的波動　時而無常時而有常　就是無妄

   來回的波　有時是震盪驚恐　有時是共鳴和弦　也是無妄

   觀是人觀　無妄是天意　人觀與天意相震（觀000011+震100100）

4. 豫是誤差與不受拘束　益是加值

   平常心可以在豫動中不斷加值　無常心則在加值中不斷發生誤差（豫000100+益100011）

5. 晉是標準　屯是盤旋

   放開標準的局限與阻力　努力盤旋突破　就是無畏於無常的菩薩行（晉000101+屯100010）

6. 萃是結晶的秩序　頤是顛倒與循環的生態

   不可預測的無妄是生態最後的秩序　是萬物相養相生的無常與平常　又顛又頤的循環（萃000110+頤100001）

7. 否是逆境與否定　復是回復

   反復的否定可以是肯定　也可以是否定　是無常　也是有常（否000111+復100000）

8. 謙是均平　同人是化同

均平類似無妄　人生本來就是不公平　但是長遠去看　又很公平
富貴貧賤是不公平　都是肉身會剝壞是公平　智愚善惡不公平
但都有喜怒之情是公平
萬物都呈現無常與有常　公平與不公平的兩面　所以謙化同無妄
（謙001000＋同人101111）

9. 艮是獨立與相安　革是除舊
   從相安到革變是無常　革變到不革變是有常　平常心貫穿相安與
   革變　是相安於革變的心（艮001001＋革101110）

10. 蹇是阻隔與保護　離是分裂與相映
    從阻隔變保護是無常　從分裂變相映也是
    本質相同應用不同是無常　應用不同本質相同是有常
    一條大河可以阻隔兩岸　也可以相映兩岸的文明　無妄帶給人生
    驚豔（蹇001010＋離101101）

11. 漸是演化　豐是放大
    有常的演化變成無常　但經驗的放大把無常又變回有常
    無妄是演化的無常變成放大的有常（漸001011＋豐101100）

12. 小過是細節　家人是組合
    組合的細節是無妄　是量子世界的機率　細節的組合是完美　是
    由小組大的平常（小過001100＋家人101011）

13. 旅是行遠　既濟是調和與知足
    人生如行旅　要無災無難是不可能的
    如果心存無妄的智慧　可以買平安保險　則可以接近既濟之旅
    無常之慮　既濟之保險　是平安之旅的保證（旅001101＋既濟
    101010）

14. 咸是覺知感性　賁是美的定形

感性充滿無妄的變化　美的定形也是

萬變的感性與美的定義　正是人生最日常的無妄（咸001110+賁
101001）

15. 遯是隱退　明夷是藏眞

遯與明夷的同質性很高　元素卻不同　遯是輕功　明夷是騙術

兩者的無常是隱退與眞假難分　兩者的有常是豐收與自保

先無常後有常　卽是無妄（遯001111+明夷101000）

16. 師是服從於訓練　履是自由地選路

師是整齊的踢正步　履是一個人小心地走　無妄是自由與服從之
間的無常

師是一生的慣性　履是時時的敬愼　兼有慣性與敬愼卽是平常心
（師010000+履110111）

17. 蒙是看不清楚　兌是相談

無妄是猜不準　看不清楚與猜不準是兩個知心的朋友（蒙
010001+兌110110）

18. 坎是交錯　睽是分別心

平常心與分別心是相交錯的心　把交坎的心拆開了就成平常心
（坎010010+睽110101）

19. 渙是擴散　歸妹是歸一

天意先渙散在無知的未來　再變成歸一的現在　先渙再歸是無妄
的原貌

先歸後渙是無妄的變裝（渙010011+歸妹110100）

20. 解是解開　中孚是相信

從理解到相信的距離很遠　從相信到理解更遠

平常心是不理解也能相信的心　也是不相信也能理解的寬容（解

010100+中孚110011）

21. 未濟是永續的未來　節是分節

無妄是未知的未來　是分成四季後仍然不足的未來

無妄是無理數　是無法用整數除盡或分節的數

是如何用情節分析也說不清楚的未濟（未濟010101+節110010）

22. 困是界定的範圍　損是減除

困是自拘於困圍　減了自困　就是平常心　勇於挑戰未來的無妄

無常亂數的減除即是受界定的集合（困010110+損110001）

23. 訟是相斥與矛盾　臨是接近與表演

相斥的情緒或觀念接近眾生的無妄心　總是愛恨交加是非不分

解開矛盾而盡情表演　超越無常而實踐平常（訟010111+臨110000）

24. 升是升華　乾是抗逆

平常心是對虛幻世界的抗逆　也是抗逆與升華的總合（升011000+乾111111）

25. 蠱是淘汰　夬是啟動

淘汰後的結局是無妄　啟動後的變化也是無妄

從啟動到結局都是無妄　淘汰了無常就啟動了平常　反之亦然（蠱011001+夬111110）

26. 井是通路　大有是多元

無妄是不一定　猜不準　或許　是製造多元的原力　也是通往多元宇宙的蟲洞（井011010+大有111101）

27. 巽是寬容　大壯是攻取

無常是寬容的本質　大壯是平常心的正氣浩然

從寬容接受到大壯攻取　正是無畏前進未來的無妄（巽011011+

大壯111100）

28. 恆是持久　小畜是突變

無妄是不畏無常突變　持久前進的平常心（恆011100+小畜
111011）

29. 鼎是創新　需是相需

相需的慾求是日常　創新的文明是無常　心在相需中創新　在創
新中發現新的飢渴（鼎011101+需111010）

30. 大過是不凡　大畜是全集合

不凡是無常　大畜是平常　不凡與大集合　是無常與平常的總合
即無妄（大過011110+大畜111001）

31. 逅是共生與遇合　泰是交換旺盛

從遇合到共生即有無妄　泰的天地交換更是無常

逅體與泰體描寫了生命到生態的生氣旺然　也是無妄天對人間最
大的祝福（逅011111+泰111000）

40. 隱藏與遮蔽（明夷＝101000）

隱藏是生命最重要的自保方式

遮蔽是寶貝自己與自我珍藏的手段

讓人誤解與無知也是防護重大祕密的要訣

天地充滿我們無知的祕密與真理　真相有時很傷人

所以隱藏真相可以保護幸福的生活

我們也學會用黑暗保護光明　用偽裝欺騙的手段來避開傷害

都是明夷卦的能量

1. 剝是剝壞　賁是定形與說一個故事

　剝壞了定形　消滅了故事　就製造了隱藏與祕密（剝000001＋賁101001）

2. 比是連比與對比　既濟是滿足與調和

把對比的雙方相連結　同時允許各自保有私心　即開啟了調和的機制

比是比盟與領導　滿足的結盟關係隱藏著英明的領導與結盟

滿足的關係藏在A與B的比率　完美的比率像黃金率隱藏著諸多真理（比000010+既濟101010）

3. 觀是觀想　家人是組合

觀想隱藏著各種美麗的組合　譬如觀念或價值觀

隱藏祕密的技巧與遠觀者的洞察與願景組合成美麗的家人

自我珍惜的心與觀照眾生的心組合了家人的佛法　即小乘與大乘的佛法（觀000011+家人101011）

4. 豫是誤差與自由度　豐是放大

放大可以發現隱藏的誤差　崇尚自由隱藏著自大自戀的心（豫000100+豐101100）

5. 晉是唯一的標準　離是相映

唯一的標準隱藏了相映的眾生　百花相映也隱藏了美麗的標準

晉明與藏明的世界相映（晉000101+離101101）

6. 萃是結晶　革是革變

結晶的成果遮蔽了革變的過程　革變也隱藏了結晶的秩序（萃000110+革101110）

7. 否是否定　同人是化同

隱藏是對真相的否定　而否定的心往往藏著認同的目標　認同的話也藏著否定的心意

自我珍藏是對外界價值的全面否定　所以明夷化同否卦（否000111+同人101111）

8. 謙是公平心　復是還原

公平心是自然還是不自然是個謎　公平心隱藏著初心還是遮蔽了初心　也是個謎

謙虛是隱藏高度與超過的心　復是隱藏結果與過程的操作

隱藏心兼有謙的營低與復的還原（謙001000+復100000）

9. 艮是獨立相安　頤是生態鏈

獨立相安隱藏在生態圈裡　而生老病死的循環藏在每個獨立的生命裡（艮001001+頤100001）

10. 蹇是阻隔　屯是盤旋

阻隔藏在盤旋的動靜中　盤旋也藏在阻隔的邊界（蹇001010+屯100010）

11. 漸是演化　益是幫忙與加值

演化是自我加值　也藏著對全物種的加值　幫忙是對別人的加值也藏著自我的加值（漸001011+益100011）

12. 小過是細節中的糾纏　震是來回的波

細節的世界充滿隱藏的震波　共鳴的世界也隱藏豐富的糾纏

詩的創作包含了說事的細節與隱藏的寓意　疊出豐富的氣韻（小過001100+震100100）

13. 旅是行遠與近明　噬嗑是修錯與復明

行旅的人生身體的近明藏著復明的心　修錯的修行藏著心的大量閱讀（旅001101+噬100101）

14. 咸是感性與變化的梯度　隨是跟隨與數列的次序

感性藏在相隨的變化中　跟隨藏在感性的趨性中（咸001110+隨100110）

15. 遯是退隱　無妄是面對無常的平常心

退出了平常心　就剩明夷的欺騙心

當無常消失了　明夷的眞相就出現（遯001111+無妄100111）

16. 師是作戰訓練　泰是交換旺盛
作戰的實力藏在泰旺的經濟　盛世隱藏在堅強的軍力（師010000+泰111000）

17. 蒙是看不淸　大畜是歷史寶藏
看不淸楚是因爲歷史充滿眞假難分的記錄
愈詳盡的記錄藏著愈多的欺騙與謊言　讓心智充滿了蒙昧不淸（蒙010001+大畜111001）

18. 坎是交錯與相爲難　需是相需
相坎藏著相需的祕密　相需藏著相坎的過去
相需是外求的愛需　相藏是內足的愛需　兩者是相坎的能量（坎010010+需111010）

19. 渙是擴散　小畜是突變
病毒擴散藏著突變的意圖　病毒突變藏著擴散的計劃
生命的強大藏在擴散與突變的速度（渙010011+小畜111011）

20. 解是解開　大壯是攻取
解開約束隱藏攻取的野心　攻取的行動隱藏崩解的危機（解010100+大壯111100）

21. 未濟是不足　大有是多元
不足之心藏著多元的想望　多元的外表藏著諸多內在的不足
隱藏的世界比可見的未來更多元（未濟010101+大有111101）

22. 困是界定最小的範圍　夬是開啟最快的動員
安於困圍藏著開天闢地的心　夬決的行動藏著縮困的計劃（困010110+夬111110）

23. 訟是矛盾　乾是抗逆

矛盾藏著抗逆的原力　抗逆藏著永訟的矛盾

戰勝自己藏著許多矛盾的思維　隱藏矛盾是最強大的抗逆（訟010111+乾111111）

24. 升是升華　臨是接近

升華是隱藏的登臨　靠近自己的初心即是靠近神隱的聖心

隱藏的手法有二　一是升入虛無　一是附身於觀察者（升011000+臨110000）

25. 蠱是淘汰　損是簡化

簡化的祕密是自我淘汰　反之亦然

隱藏的手法有二　一是淘汰到至簡　二是減去多餘的爭鬥（蠱011001+損110001）

26. 井是通路　節是分節

心的通路藏在美的節奏裡　四季的祕密藏在歲月的共享　每個生命都藏著一個節奏一口好井

通路藏在節點　節點藏著通路　普天同慶的共節說明了對的分節就是對的通路（井011010+節110010）

27. 巽是寬鬆容忍　中孚是互信

寬鬆藏著互信　互信藏著容忍

生死默契藏在諸多亂相中（巽011011+中孚110011）

28. 恆是持久　歸妹是斷捨離與迎接未來

持久要隱藏現在與迎接未來　歸妹藏著持久前進的心　歸妹把現在隱藏而顯現未來（恆011100+歸妹110100）

29. 鼎是創新　睽是分別

文明的創新與明夷的藏明相分別　耳目聰明的能力與創新的能力相藏

創新隱藏陳舊　睽分隱藏認同　創新與睽分是隱藏的彼此（鼎011101+睽110101）

30. 大過是不凡　兌是相談
不凡的心超越凡俗　但也隱藏在平凡的相談中　無法與平凡對談　不是真正的不凡　是欺騙的不凡
超越與隱藏是兩個知心的好友　極端的隱藏是開誠佈公（大過011110+兌110110）

31. 姤是共生　履是獨行
共生的雙方活在相隱藏的命運中　人神共生是隱藏的神意指引著人的獨行（姤011111+履110111）

41. 定形與美化 (賁=101001)

寫一個美麗的故事　畫一張美麗的圖

都要用定形與美化包裝的手法

易經說　美化與定形要有細節（賁其趾）

有重點（賁其鬚）　有模糊與懸疑（賁如濡如）

有虛有實（賁如皤如）　有邏輯有幻想（白馬翰如）

有複雜度（匪寇婚媾）

又有簡單的元素（賁于丘園，束帛戔戔）

最後要還璞歸真（白賁）

這些都是賁卦的能量

1. 剝是剝壞　明夷是藏眞

   隱藏的心剝壞後就是定形　把剝壞隱藏起來就是美化

   養生的祕密就是用各種的賁美把時剝之箭隱藏起來（剝000001+明夷101000）

2. 比是連比　家人是組合美麗

   用1串連全部的美麗　替美麗的故事取一個題目　都是賁美（比000010+家人101011）

3. 觀是觀想　既濟是調和

   經過調和的想像是既虛又實的故事　用滿足來整理觀想是人生的美化（觀000011+既濟101010）

4. 豫是順動　離是相映

   賁美是進階的美　是用不受拘束的線條畫出寫意與光暈

   不只是定形的1　還是相映的2（豫000100+離101101）

5. 晉是標準　是認知的總合　豐是放大　也是遮蔽

   美的形從標準到放大　不易決定　定形是在標準與放大間抉擇

   晉是巨星　豐是廣告　廣告美化了巨星

   豐是畫家的筆　晉是美麗的模特兒　賁是畫家的筆與模特兒的總合（晉000101+豐101100）

6. 萃是結晶　同人是化同

   結晶是秩序的完美化　賁是形的完美化　賁美與結晶化同（萃000110+同人101000）

7. 否是否定　革是革變

   美化的終點是不用再改變　定形的意義是對否定的推翻（否000111+革101110）

8. 謙是公平　頤是生養圈

公平的顛倒是個體極力的美化自己

生態的美化是萬物都有公平欣欣向榮的機會（謙001000+頤
100001）

9. 艮是獨立相安　復是還復

艮止是萬物相安於自己的命名　沒有交錯與交集

這是老子的無為之治　是政治的最美化　也是自然的還原（艮
001001+復100000）

10. 蹇是阻隔　益是加值

阻隔的美化是加值地保護　是對一條大河的美化

加值的美化是給它一個界限一個邊　不讓溺愛破壞了孩子的堅強
（蹇001010+益100011）

11. 漸是進化　屯是盤旋

進化是美化的盤旋　盤旋美化了進化（漸001011+屯100010）

12. 小過是細節　噬嗑是修錯

美化是用細節來修錯　定形是經過修錯後產生的細節（小過
001100+噬100101）

13. 旅是行遠　震是波韻與共鳴

定形就不再行遠　所以賁與旅相震

寫一個故事或畫一張圖　是用心尋找共鳴之旅（旅001101+震
100100）

14. 咸是感性　無妄是平常心

美感是人意對天意的素描　是兼有微感與無畏的美麗心靈（咸
001110+無妄100111）

15. 遯是退隱　隨是跟隨

在退隱中跟隨是更美的跟隨　用相隨的方法退隱是更美的退隱

遁入空門是與佛完美的相隨（遯001111+隨100110）

16. 師是訓練作戰　大畜是全記錄

美化是長期的訓練與詳盡的記錄　美麗藏在大數與一貫中

美化不是記錄　是把記錄變成奉守一生的使命（師010000+大畜
111001）

17. 蒙是看不清　泰是交換旺盛

定形是看不清的交換　問與答熱烈的交換造就了美的定形

寫實與寫意　定形與扭曲　交換著美的面貌　旺盛了藝術的生命
（蒙010001+泰111000）

18. 坎是交錯　小畜是突變

定形與突變相交錯　突變的垂直思考是定形（坎010010+小畜
111011）

19. 渙是擴散　需是相需

擴散與定形間存在相缺相需的特質

擴散的定形是相吸引　相需的定形是在愛慾中蒸發（渙010011+
需111010）

20. 解是解開　大有是多元

解開了多元就剩定形　定形或解放可以製造多元（解010100+大
有111101）

21. 未濟是不足　大壯是攻取

不足與貪念定義了用壯的行動　理直氣壯美化了人性的貪婪

在美中不足是求美的壯遊（未濟010101+大壯111100）

22. 困是界定　乾是抗逆

界定與安困是安居樂業的我們　抗逆受困是不斷美化人生的我們

不斷縮小自己的困與不斷尋邊的美麗心相抗逆（困010110+乾

111111）

23. 訟是相斥　夬是啟動
定形的美與啟動的未知相斥（訟010111+夬111110）

24. 升是升華　損是簡化
升虛與簡化彼此美化　升華與定形彼此簡化
減少了升虛就是定形的開始（升011000+損110001）

25. 蠱是淘汰　臨是接近
美化是不斷淘汰挑戰然後接近完美（蠱011001+臨110000）

26. 井是通路　中孚是相信
心最美的通路是誠信　相信是無遠弗屆的通路（井011010+中孚
110011）

27. 巽是寬鬆　節是分節
分節後美化了寬鬆　如關節可以美化肢體的曲折（巽011011+節
110010）

28. 恆是持久　睽是分別
持久是不變　不變是變的積合　睽是正反合的二元論　持久的積
合與睽的正反分合互相美化
對分的睽與定形的美存在恆等的關係　睽而知黑白　賁而得美醜
（恆011100+睽110101）

29. 鼎是創新　歸妹是歸迎未來
文明的方向是創新　時間的方向是歸妹　創新與歸妹美化彼此的
方向（鼎011101+歸妹110100）

30. 大過是不凡　履是獨行
不凡與獨行彼此定義與美化（大過011110+履110111）

31. 逅是碰撞與共生　兌是相談
相談美化了碰撞　共生美化了相談（逅011111+兌110110）

42. 滿足與調和（既濟=101010）

水太熱或太冰都不好喝　調和到溫水可以適合入口
環境調和後很適合人的居住
很渴時有水喝　很餓時有食物吃　風調雨順
一切讓心滿意的狀態　都是既濟卦的能量
既濟不是完美　是不完美也滿足　不是精確
是不精確但經過調和的　是幸福　但不是富貴逼人

1. 剝是剝壞與結局　家人是相惜的組合
   既濟是在剝壞中堅持家人的相惜　也是用家人的親愛相惜維持到
   人生的結束

是用剝的歲月調和家的親愛精誠　用相惜的心調和相剝的風雨
（剝000001+家人101011）

2. 比是顯比　用最顯明的號召結盟　明夷是藏明與用晦

領導統御學是一種調和的藝術　明顯的口號與隱藏真相的調和

既濟是比的友誼調和明夷的藏私　用沒說的隱喻調和連比的字義
（比000010+明夷101000）

3. 觀是觀想　賁是定形與美化

靜觀的世界與定形的世界代表虛實的兩端　調和的人生是既有虛
觀也有實賁

用審美的觀調和賁美的造形　用說故事調和美的感動（觀
000011+賁101001）

4. 豫是順動　革是革變

順動的自由與改革的堅持相調和

是豫的歡樂心調和革的善變心　是革弊行動與誤差行為的相濟
（豫000100+革101110）

5. 晉是標準　同人是化同

標準是眾生的常識與依歸　是調和後滿意的知世界　所以既濟與
晉相化同

晉是唯一的光明　化同是萬家燈火　既濟是獨明與眾明的調和
是可以接受的知名度

人生的滿足在同時有巨星的光芒與同人的平凡（晉000101+同人
101111）

6. 萃是結晶　豐是放大

結晶是極度收縮的秩序　放大是光明對時空的占取　既濟是佔有
合宜的時空又不失幸福的秩序（萃000110+豐101100）

7. 否是否定　離是相映

否定是存在的消滅　離是生生不息　既濟是生滅兼有的健康（否000111+離101101）

8. 謙是公平心　屯是盤旋

公平心是海的兼納百川　屯是流動與凝結的兼有

既濟是百川向海的盤旋　天使向人間的盤旋　也是兼有動靜的幸福（謙001000+屯100010）

9. 艮是相安　益是加值與合作幫忙

既濟是尊重獨立相安與慷慨加值與幫忙

是調和後的絕情與熱情　孤獨與善良（艮001001+益100011）

10. 蹇是阻隔與保護　復是還復

既濟是保護身體的皮毛與脫皮後蛻變　是可穿可脫的盔甲　也是可還原的阻隔（蹇001010+復100000）

11. 漸是演進　頤是循環圈

演進的循環是漸快的轉輪　循環的演進是更大的循環

既濟是生命合宜的漸進與循環　像周一到周日的一生

生命在成長與循環中調和幸福（漸001011+頤100001）

12. 小過是細節　隨是跟隨

跟隨製造次序　細節產生糾纏　既濟是兼有次序與細節的合宜

是最靠近小數點的數　譬如<10與>0.1　的數是一生最令我們滿意的好友

細節糾纏中有次序　跟隨的遠近中有細節　是讓人合宜滿意的關係（小過001100+隨100111）

13. 旅是行遠　無妄是平常心

行遠追求更多的無妄未知　無妄追求行遠後的平常心　既濟是既

有驚艷又有平常的一生

行遠發現無妄的無所不在　也發現無妄的平凡適常　無妄是行遠的風險也是樂趣（旅001101+無妄100111）

14. 咸是最微的感性　震是不安的波

最微的震波是易經中的震蘇蘇　震遂泥　是持久震動後達到平衡的樣態

是生活在溫柔的氣韻下的每天

感微可以放大波的震輻　也可放慢波的頻速

咸是覺知世界的仙后　而既濟是平和世界的國王　兩者相震（咸001110+震100100）

15. 遯是退隱的輕功　噬嗑是修錯的大刀

既濟是既能用輕功躲過攻擊　又能一擊正中要害的武功

退而豐收　噬而除毒　大小盡美而得宜（遯001111+噬100101）

16. 師是作戰訓練　需是相需

既濟是既能打勝仗又能供養民需的國力　既有訓練紀律又有愛慾渴望的心靈（師010000+需111010）

17. 蒙是看不清　小畜是突變

既濟是既能累積小確幸又能安於模糊的心靈（蒙010001+小畜111011）

18. 坎是交錯　泰是交換旺盛

泰是物種中的暴龍或人類　既濟是謙卑的小康之家　強盛與知足是相垂直的價值觀

既濟是能用坎學習與用泰制勝的智慧（坎010010+泰111000）

19. 渙是擴散　大畜是集中的大數據

既濟是既能稀釋苦痛又能積大數據的智慧

既能廣施善行又能積大財富的一生（渙010011+大畜111001）

20. 解是解開　夬是啟動

解開仇怨是最快的滿足　知足常樂是解開人生苦痛的鑰匙　也是啟動善良的解悟

無中生有的開啟與由有解無的去連結　是人生可有可無的既濟（解010100+夬111110）

21. 未濟是再續的未來　乾是抗逆

既濟是滿足的現在　未濟是CONTINUE既濟是BREAK　彼此相抗逆（未濟010101+乾111111）

22. 困是界定最小的範圍　大壯是進取最大的時空

既濟是知困且能長壯　用壯且能守困（困010110+大壯111100）

23. 訟是相斥　大有是多元

既濟不貪多元　也不同於矛盾　是兼有矛盾與多元的心靈　是在相訟時讚美異端的胸懷

既濟善用相訟的兩方調和豐富的多元（訟010111+大有111101）

24. 升是升華　節是分節

升華是求虛　節分是尋找節奏　既濟是外升內節的調和　也是在節奏中找到天使的心（升011000+節110010）

25. 蠱是挑戰　中孚是相信

既濟是能挑戰世界又能與神相通的心靈（蠱011001+中孚110011）

26. 井是通路　臨是接近

一種通路可以接近萬種滿足　接近眾生可以發現萬種通路（井011010+臨110000）

27. 巽是寬容　損是簡化

既濟是能納多容異又能簡化心靈　是用最簡的元素創造最寬鬆的想像（巽011011+損110001）

28. 恆是持久　兌是相談
既濟是既能持久又能精確的討論　是能堅持立場又能妥協談判（恆011100+兌110110）

29. 鼎是創新　履是獨行
既濟是能融合創新又能割捨獨行的智勇雙全　是華麗的文明也是每個路口的小心敬慎（鼎011101+履110111）

30. 大過是不凡　歸妹是歸依未來
既濟是不凡的現在也是歸依的未來　是拒絕平凡又歸屬平淡　是既造就自我又祝福別人（大過011110+歸妹110100）

31. 姤是遇合後的共生　睽是分別
既濟是自足的矛盾　像水與火的相剋與調和　是對立的兩方相遇合而不再對立且產生共生
調和是用相對立的元素來營造共生體（姤011111+睽110101）

43. 組合與相惜（家人＝101011）

組合是化學世界　萬物從元素開始組合　變成分子與生命與物種
相惜的組合是家人般的共生體　有角色與功能　先分工後合作
是團隊的精神　是從章節變成故事的組合
是從單一組合完美的過程　都是家人卦的能量

1. 剝是結局與剝壞　既濟是調和與滿足
   家人的故事會有一個結局　但有一萬種滿足
   完美是在剝壞時努力地調和對立（剝000001+既濟101010）
2. 賁是美化　比是類比
   完美會有一個美麗的名字　但有一萬種別號
   家人是最美麗的結盟（賁101001+比000010）
3. 明夷是藏眞　觀是觀想
   美麗的故事有一個沒說的祕密　但有一萬種遐想（明夷101000+

觀000011）

4. 豫是順動　同人是化同

美麗的故事主角是風中的萬物　從羽毛到浪花

情節的發展是自由的心　闡述的是眾生的同理（豫000100+同人101111）

5. 革是改變　晉是唯一的太陽

完美的故事是善變的朝日也是向晚的夕陽

家人不喜歡唯一的標準　喜歡多變的亮麗（革101110+晉000101）

6. 萃是結晶　離是映離

家人是萃聚的晶鑽　也是離離的牛羊

組合的世界追求繁多　也鍾愛秩序（萃000110+離101101）

7. 豐是放大與自戀　否是否定

家人否定自戀式的放大

但會用放大的心思研究對方的否境與悲傷（豐101100+否000111）

8. 謙是公平　益是加值與幫忙

家人是畫一張圖　用天使的筆沾上謙卑的墨開始塗鴉

相惜是兼顧的心與願意幫忙　是加值的智慧與凡事公平（謙001000+益100011）

9. 艮是獨立與相安　屯是盤旋

家人是寫作　爲孤獨的靈魂裝上翅膀開始飛翔

相惜是尊重個別的特色　願意相擁共舞的心（艮001001+屯100010）

10. 蹇是阻隔與保護　頤是循環圈

相惜是我們僅有的家要用生命維護　萬物的家用環保來相惜（寨001010+頤100001）

11. 漸是演進　復是復原
完美的故事在美麗中演化　在善良中還原（漸001011+復100000）

12. 小過是細節　無妄是平常心
完美的故事常在細節中糾纏　在理想中闊步（小過001100+無妄100111）

13. 旅是行遠　隨是跟隨
完美的故事要有探險的視野與緊扣的情節（旅001101+隨100110）

14. 咸是感性　噬嗑是修錯
完美的故事要有感動的喜與修正的痛（咸001110+噬嗑100101）

15. 遯是退逃　震是共鳴
完美的故事要有退逃的隱與共鳴的韻（遯001111+震100100）

16. 師是作戰　小畜是突變與靈感
完美的故事要有生死交戰的一慣與靈感突圍（師010000+小畜111011）

17. 蒙是模糊與曲折　需是相需與慾望
完美的故事要曲折玄疑與強烈的愛慾　讓人欲罷不能的吸引力（蒙010001+需111010）

18. 坎是交錯的路口　大畜是大的集合
完美的故事要有衝撞的交點與萬有的集合（坎010010+大畜111001）

19. 渙是擴散　泰是交換旺盛

完美的故事要有散空後的雲淡風輕與生死交泰的兩極（渙010011+泰111000）

20. 解是解開　乾是抗逆
完美的故事要有和解的暢快與抗逆的血汗（解010100+乾111111）

21. 未濟是再續的未來　夬是啟動
完美的故事要貫穿未來與人性的最初始　有永遠不足的再續力（未濟010101+夬111110）

22. 困是困圍　大有是多元
完美的故事要有困局的緊度與異想多元的寬度（困010110+大有111101）

23. 訟是相斥　大壯是攻取
完美的故事要有矛盾的張力與攻伐的氣勢（訟010111+大壯111100）

24. 升是升華　中孚是相信
完美的故事要能化入虛冥又能與神連心（升011000+中孚110011）

25. 蠱是淘汰　節是分節
完美的故事要有不朽的賽局與簡約的勝負（蠱011001+節110010）

26. 井是通路　損是簡化
完美的故事要有通透的苦行與禪空的了然（井011010+損110001）

27. 巽是寬大　臨是表演
接近完美要用大膽的夢想　去表演最好的自己（巽011011+臨

110000）

28. 恆是持久　履是擇路

家人完美組合且相惜　是恆常的家　讓人有勇氣履險而安

履 是 一 組 命 運 的 參 數　　家 人 是 一 組 開 鎖 的 密 碼
（COMBINATION）參數與密碼恆等（恆011100+履110111）

29. 鼎是創新　兌是相談

完美的故事要常與創意對話　是大廚與食材的對談　也是不斷創
新的相知（鼎011101+兌110110）

30. 大過是不凡　睽是分別

完美的故事要有不凡的極端值與對立的善惡　完美就是最極致的
明白（大過011110+睽110101）

31. 姤是共生　歸妹是迎向未來

完美的故事要從遇合到歸無　共生到永恆　一氣呵成（姤
011111+歸妹110100）

44. 放大與擴張（豐=101100）

光線會往四周放大擴張　火會慢慢燎原　知識會漸漸洗腦
有名氣的人愛廣告自己　自戀的人愛吹噓自己　都是豐卦的能量
豐卦的優點是日正當中　缺點是遮蔽了星光燦爛
放大是觀看遠星的手法　也是發現細節的方向
放大世界的美善　是盛世的才德

1. 剝是最高的點　離是繁殖最多
   站上自私的最高點　或繁殖最多可以豐大自己
   剝是剝壞　剝壞了繁殖能力就剩豐大的孤獨（剝000002+離
   101101）
2. 比是連比　革是變革
   為了豐大與擴張　我們盟比萬物且革除異己（比000010+革

101110）

3. 觀是觀想　同人是化同

　　豐大是大觀天地的心　因為放大　所以觀大　觀與豐化同

　　豐大了觀想就能化同天地　化同之觀就是豐小我成大我的觀（觀
000011+同人101111）

4. 晉是唯一的太陽　賁是美化

　　豐大是如日中天的太陽　是粉飾太平的宣傳

　　畫家可以把太陽畫進畫中　廣宣可以把畫變成舉世的太陽

　　在成相的世界　形的確定與變動相得益彰（晉000101+賁
101100）

5. 豫是順動　明夷是藏明

　　豐大是廣告　是另類的騙術　也是順動的假相

　　豐大是最容易的隱藏　說假話是最簡便的豐大（豫000100+明夷
101000）

6. 萃是結晶　既濟是調和

　　豐大是修心之路　讓心晶瑩無垢且調和滿缺（萃000110+既濟
101010）

7. 否是否定　家人是組合完美

　　豐大是自戀的心　否定了家人相惜的心（否000111+家人
101011）

8. 謙是公平　震是正反的波

　　豐大是自大　與謙虛相震（謙001000+震100100）

9. 艮是隔絕　噬嗑是修錯

　　用豐大為惡時　它隔絕溝通且用刑欺良（艮001001+噬100101）

10. 蹇是阻隔　隨是跟隨

豐大的心霸占權位且阻擋跟隨

長期的跟隨會放大人與人的高牆（蹇001010+隨100111）

11. 漸是演進　無妄是平常心

豐大是貪得無饜的自我　且漸失無妄的平常心

漸是水的暈染　豐是火的速進　兩者合成無常的水火（漸001011+無妄100111）

12. 小過是細節　復是復原

崇高的豐大像哈伯望遠鏡

用望遠與放大來還原宇宙的細節

豐大與小過是相還原的力量（小過001100+復100000）

13. 旅是行遠　頤是循環的大圓

行遠讓人知道自己的渺小　與豐大相顛倒

豐卦與旅卦相綜　放大與行遠之旅　也是溯本求源對生態的了解

心靈乘著智慧旅遠　智慧住在心靈點亮自己（旅001101+頤100001）

14. 咸是感性　屯是盤旋

豐大的感性是更敏感更有靈性　也是更持久的悠悠盤旋

生命的自旋類比每天用微感來豐大覺知　擴大覺知之路就是感性盤旋之路（咸001110+屯100010）

15. 遯是退隱　益是加值

豐大而自私的心會遮蔽善良　只替自己放大　忘記替蒼生加值

豐大與遮蔽彼此加值（遯001111+益100011）

16. 師是作戰　大壯是攻取

豐大是戰火連天　是服從的士兵與壯烈的征伐（師010000+大壯111100）

17. 蒙是不清楚　大有是多元
    豐大的佛法可以剝開蒙蔽的萬相　豐大也是遮蔽　像五色的廣告
    讓人誤導（蒙010001+大有111101）

18. 坎是交錯　夬是啟動
    豐大的心在多維間快速跳躍　像天真的小孩
    豐大增加了內部的空虛　與夬的精實相坎
    天地的啟源除了夬的爆炸　還有豐的光旅　豐大中的時空與是夬
    動中的質能相坎（坎010010+夬111110）

19. 渙是擴散　乾是抗逆
    豐大是光的四射　渙是水的泛濫　兩者相抗逆（渙010011+乾
    111111）

20. 解是解開　泰是交換
    豐大的自以為是　是交換心的解散
    豐大是生命的自燃　是生命盛大如煙火的自我解放（解010100+
    泰111000）

21. 未濟是不足　大畜是大歷史
    豐大的心不可一世　批判現在顛覆過去與未來
    豐大也是火的生命　沒有燒盡的邊界　也沒有容不下的歷史（未
    濟010101+大畜111001）

22. 困是受困　需是相需
    豐大其實是受困眾生的渴望　豐大的渴望也造成了心困
    豐大羨慕困的界定　困羨慕豐的無邊　兩者相需（困010110+需
    111010）

23. 訟是相斥　小畜是突變與靈感
    豐大的心看不起小畜的積小與突變　所以與小畜相訟（訟

010111+小畜111011）

24. 升是升華　歸妹是歸一
豐大是外相虛化的過程　也是從歸一到歸無的過程
豐大是大我的實現　是升華成佛與歸依善良（升011000+歸
110100）

25. 蠱是挑戰　睽是分別
豐大不喜歡挑戰　豐大像顯微鏡　可以增加耳目聰明（蠱
011001+睽110101）

26. 井是通路　兌是對談
豐大是通路的綿延　也在對談間不朽（井011010+兌110110）

27. 巽是鬆柔　履是敬慎
鬆柔的心可延伸生命的韌性　敬慎的心則放大幸福的選擇（巽
011011+履110111）

28. 恆是持久　臨是接近
持久是時間與存在的放大
接近則是立即放大觀察的對象　放大與接近恆等（恆011100+臨
110000）

29. 鼎是創新　損是簡化
創新可以增加豐大的光芒　簡化則放大眾生的接受度（鼎
011101+損110001）

30. 大過是不凡　節是分節
豐大製造超凡入聖　也是分節後放大的靈活度（大過011110+節
110010）

31. 逅是共生　中孚是相信
豐大是與神明共生的信仰（逅011111+中孚110011）

45. 相映與成雙（離＝101101）

大哉相映

成雙的世界比孤單更美一萬倍

細胞分裂是由一分二　是自我複製

日與月是日夜的繼明　是天體的相映

花草樹木映照了大地　是景色的相映

美人照鏡　鏡裡鏡外是虛與實的相映　寫詩時的對句與押韻

是詩意與韻的相映　都是離卦的能量

1. 剝是剝壞　離虛無的0最近　所以剝是整數的1　豐是放大的1
   豐是自戀與放大的1　剝是僅存的1　豐與剝組成相映的2　從此窗
   裡窗外兩個世界相映
   剝盡而生　豐大而進　離映而續　都在說時空的再續之流（剝
   000001+豐101100）

2. 比是連比　同人是化同
   離映與連比對比相化同　都是尋找2的努力　也是萬物的將心比心
   （比000010+同人101111）

3. 觀是觀想　革是革變
   觀想經過革變後作前後的對照也能成雙　所以革變製造了觀想的
   成雙（觀000011+革101110）

4. 豫是順動與誤差　賁是美化與定形
   在美的世界　定形與誤差巧妙成雙
   求美的邊界與求自由的心也相映成雙（豫000100+賁101001）

5. 晉是唯一的標準　明夷是藏眞
   虛實世界用眞理與謊言成雙　標準與無知成雙（晉000101+明夷
   101000）

6. 萃是結晶　家人是組合美麗
   在化學的世界　元素是萃　與家人的化合物成雙（萃000110+家
   人101011）

7. 否是否定　既濟是滿足
   心用拒絕更多來與心滿意足成雙（否000111+既濟101010）

8. 謙是公平　噬嗑是修錯
   待人的方法　謙恭與修錯成雙（謙001000+噬100101）

9. 艮是孤獨　震是正反的波

絕對的孤獨與不停止的震鳴成雙（艮001001+震100100）

10. 蹇是阻隔　無妄是平常心
大河當前　知難而止的河民與無畏而渡的英雄相映（蹇001010+無妄100111）

11. 漸是演進　隨是跟隨
成雙不是由1變2　還要心心相映　在智慧的大道　漸是進取的先知　與相隨的教友也心心相映（漸001011+隨100110）

12. 小過是細節　頤是最大的循環圈
細節是在車軸邊的每天　頤是最遠的車輪　車軸的一分可能是車輪上的一尺
車軸上的每天與車輪上的世紀也相映（小過001100+頤100001）

13. 旅是行遠　復是復原
行遠的心與回家的心也相映（旅001101+復100000）

14. 咸是感性　益是幫忙
感性感恩的心與天使幫忙的心也相映（咸001110+益100011）

15. 遯是退隱　屯是盤旋
退隱的心遠離阻力與危險　盤旋的心前往阻力與危險　退隱與盤旋相映
書法的盤旋與留白構成美麗的相映（遯001111+屯100010）

16. 師是練兵　大有是多元求異
練兵的化一與廣納多元也相映（師010000+大有111101）

17. 蒙是模糊　大壯是攻取
對小事馬馬虎虎與對大事正氣凜然也相映（蒙010001+大壯111100）

18. 坎是交錯與換維　乾是抗逆

換維是垂直思考的心　抗逆是相逆的心　相映是在鏡面內外的平行思考

垂直交錯的逆操作是平行與並列　是相映（坎010010+乾111111）

19. 渙是擴散　夬是密集的快

擴散的傷心與密集的快感相映（渙010011+夬111110）

20. 解是解開　大畜是大歷史

解憂的酒與司馬遷的筆相映（解010100+大畜111001）

21. 未濟是不足與再續　泰是旺盛的交換

寄託未來與把握當下相映（未濟010101+泰111000）

22. 困是圍困　小畜是積小突變

安困是人類活在小小的地球上　突變是心智靈感與天使相會　兩者相映（困010110+小畜111011）

23. 訟是相斥　需是相需

相訟與相需的心相映（訟010111+需111010）

24. 升是升華　睽是分別

浪漫與計較的心相映（升011000+睽110101）

25. 蠱是挑戰　歸妹是歸屬

挑戰與歸屬的心相映（蠱011001+歸妹110100）

26. 井是分享通路　履是避險的擇路

無差別的分享與避險的抉擇相映（井011010+履110111）

27. 巽是寬鬆與包容　兌是對談與精確

巽是風中的炊煙　與無限重複的碎形相映（巽011011+兌110110）

28. 恆是持久　損是簡化

守恆的常數與求空無的簡損相映（恆011100+損110001）

29. 鼎是創新　臨是接近

鼎高創意與臨低實踐相映（鼎011101+臨110000）

30. 大過是不凡　中孚是相信

不凡之心與平凡之信相映（大過011110+中孚110011）

31. 姤是共生　節是分節

共生之馴合與守節之甘美　讓心在相映中永不孤單（姤011111+
節110010）

46. 改革與除舊（革＝101110）

時間前一秒消失才有後一秒復現　時間是永恆的自我改革者

物體運動時　空間的前後也相革

運動或旅行就是空間的迎新與除舊

心思的移動也是　緣分的生滅也是　除舊是迎新的前題

改變是不變的唯一　都是革卦的能量

1. 剝是剝壞　同人是化同

   時間在剝壞中除舊　除舊後又生出相同的迎新　就是改革

   空間在剝壞中變形　變形化同剝壞（剝000001＋同人101111）

2. 比是連比　豐是放大

   心用比連求取盟友　用誇大表現自我　放大小我與結盟大我相革

   （比000010＋豐101100）

3. 觀是觀想　離是相映
   觀想世界的念念在相映與相革中演進
   舊念不去新念不出（觀000011+離101101）

4. 豫是好動與自由　既濟是滿足
   改革是丟掉舊的滿足　迎接新的不滿
   也是丟掉小小的滿足　迎接自由好動的心　好動的心喜新厭舊
   （豫000100+既濟101010）

5. 晉是唯一的太陽　家人是組合的美麗
   太陽是舊的　但每天的朝陽是新的　家人是舊的　但每天的相處
   是新的
   新舊相革是每天的新聞與家人（晉000101+家人101011）

6. 萃是結晶　明夷是藏明
   一樣的市場不一樣的攤販　一樣的祕密不一樣的謊言
   改革是製造不一樣的心　是心在群聚與藏真時的變形（萃
   000110+明夷101000）

7. 否是否定　賁是定形
   心也用否定來除舊　用定形來迎新
   改革的心看懂否也是定　定也是否（否000111+賁101001）

8. 謙是兼顧彼此　隨是跟隨
   謙虛的人走進群眾而改變高傲　而跟隨的人因信神而改變自卑
   心在謙低與隨高間相革（謙001000+隨100110）

9. 艮是相安　無妄是無畏於無常
   保守的人相安在無爭的界線內　無畏的人勇往無常的未來
   保守與無畏相革（艮001001+無妄100111）

10. 蹇是保護　震是相震與共鳴

生命需要層層的盾來保護　也需要不時高歌來往和鳴

防護與溝通的需求相革（塞001010+震100100）

11. 漸是演化　噬嗑是修錯

向外演化是生命存續的方向　向內修錯是生命健全的日常

外漸與內噬相革（漸001011+噬100101）

12. 小過是細節中的人生　屯是險阻中的盤旋

人生買賣過了人情還在（飛鳥遺之音）或者買賣不成敬意更濃

（女子貞不字，十年乃字）

糾纏的每天與盤桓的等待相革（小過001100+屯100010）

13. 旅是行遠　益是加值

行旅的緣分只擦肩而過　加值與感恩的人生則一生不棄不離

行旅一時與相助一生的心相革（旅001101+益100011）

14. 咸是感性　復是復原

心在感動中變形　而在休息後還原

但還原是變形後的再變形　所以感動的心與還原的心相革

革變是不斷微分中的世界　是用梯度來看世界的觀察（咸001110+復100000）

15. 遯是退隱　頤是循環

個別的生命用退後收割　用隱藏保全

而更大的生命用循環相養

大養的輪轉與小養的退隱相革

輪轉的進與退也相革　養與被養的關係也相革

萬物相革　可遯可頤（遯001111+頤100001）

16. 師是作戰　夬是開啟

人間的大革是改朝換代　這是用兵打仗與革命開元的大事

師是一貫的服從　夬是啟動的元祖　兩卦相革（師010000+夬111110）

17. 蒙是模糊與扭曲　乾是抗逆
模糊有蒙朧的美感　是對改革的善惡鬥爭的抗逆
扭曲是經過透鏡後的世界　改革是校正扭曲的世界（蒙010001+乾111111）

18. 坎是相交錯　大壯是攻取
改革是對交坎的進攻　內革與外攻相坎
改革也是對征戰的迴避　用垂直思考取代理直氣壯　用雙贏的條件走容易的路（坎010010+大壯111100）

19. 渙是擴散　大有是多元
改革要用海闊天空的大　與百花齊放的多（渙010011+大有111101）

20. 解是解開　需是相需
改革是解開慾望的吸引　也是用相需改變崩解的關係（解010100+需111010）

21. 未濟是再續的未來　小畜是積小突變
最遠的理想與最小的確幸相革
改革的心住著不滿與靈感兩位兄弟（未濟010101+小畜111011）

22. 困是受困　泰是旺盛的生意
心常在困境中練習改革　進而發現破困的生機
困是革的溫床　泰是革的天堂（困010110+泰111000）

23. 訟是矛盾　大畜是大歷史
改革在矛盾中輕快變形　進而收藏萬變的人性
記憶製造存在　與革變的消滅存在相訟（訟010111+大畜

111001）

24. 升是升華　兌是心智的碎形
改革是在碎形的邊緣不停地對談　進而找到穿梭虛實的魔法（升
011000+兌110110）

25. 蠱是挑戰　履是擇路
改革是挑戰傳承　唸著師父的經書　進而走出了自己的禪意（蠱
011001+履110111）

26. 井是通路　歸妹是歸屬
改革是心用舊的通路找到新的歸屬
也是離開家鄉的井　前往遠方的未來（井011010+歸妹110100）

27. 巽是寬鬆　睽是分別
改革是遠離寬鬆與雜亂　開始一絲不苟的辨明
從天南地北瞎胡扯的嘴　變成透視千里的眼（巽011011+睽
110101）

28. 恆是持久　節是分節
萬物喜歡節奏之美　譬如把一年折成四季　就是變形後的永恆
革是用舊的恆久編出新的節律　用舊的節氣活出新的長久（恆
011100+節110010）

29. 鼎是創新　中孚是相信
除舊與創新是相綜的能量　文明喜歡新舊變形
迎新與除舊正是心意相通的攣生兄弟（鼎011101+中孚110011）

30. 大過是不凡　臨是接近
改革是心在一飛沖天時變龍　在反省自己時變馬
改命的人生是在坐上龍椅前先把自己變成龍
改革是不凡的超越也是緊密的接近　是用極端來靠近英雄的本命

用靠近來發現唯一與空前絕後（大過011110+臨110000）

31. 姤是遇合與共生　損是簡化
改革的目的是最簡的自己　是與神的共生
當明天的天使與我相遇　我知道我將再變形
舊的我將光榮消滅　心復歸最初的簡單空無
改革求損與簡　也求完美的相姤（姤011111+損110001）

47. 化同天地（同人＝101111）

心在異同中成長

不變則同　變則不同

變會出現　也很快消失

因為認同的心會越過事物表淺的不同

找到最微細深刻的相同　最後化同天地　這是同人卦的能量

1. 剝是剝壞　革是改變

改變的剝壞就是化同　剝壞等同改變

改變自己的最後到達是化同天地

改變是求異的過程　結果卻是化同大道（剝000001＋革101110）

2. 比是連比　離是相映
   認同心從連比類比開始練習
   在看出萬物成雙成對時成熟（比000010+離101101）

3. 觀是觀想　豐是放大
   觀想的馳遠與豐的放大等同
   認同之旅是放大的自我觀想
   更遠的觀想把自我的疆域無限放大　就是化同天地（觀000011+
   豐101100）

4. 豫是自由順動與誤差　家人是組合完美
   認同的祕訣在包容誤差　把各種偏差收納為家人來相惜
   化同天地是家人之同的更自由開放
   在概率學中任意配對與排列組合是等同的概念
   在流體力學中集體順流與完美漩渦是等方程式
   完美組合的力學是元素間的最順動　最歡樂　最自由
   完美故事等同於發現最自由的心靈（豫000100+家人101011）

5. 晉是眾生之知與標準　既濟是滿足
   標準等同調和後的滿意
   認同需要知與足　先認知再適足
   先知後足是對人生最後的認同（晉000101+既濟101010）

6. 萃是結晶　賁是美化與定形
   結晶的定位過程與美化的定形等同
   認同的心可以聚寶　可以說故事　並且看透聚物與說事的等質
   （萃000110+賁101001）

7. 否是否定　明夷是藏真
   說謊與拒絕等同　隱藏了否定就是化同

化同的心看透拒絕的舌隱藏著贊成的心

嚴冬深藏的孢子等同新春綻放的綠芽（否000111＋明夷101000）

8. 謙是謙虛　無妄是無畏與平常心

謙虛的心化同眾生　無妄的心化同天意

而忘私化同無畏　平均值是化同後的亂數

謙是把眾生提升到我的高度　無妄是把天復原到地的水平　揚地的謙等同抑天的無妄（謙001000＋無妄100111）

9. 艮是獨立的高山　隨是跟隨

隔絕等同跟隨　隔絕了惡等同跟隨了善

認同心是偉大的魔法　獨立的高山可以化同相隨的螞蟻　如何說

因為高山靜佇的同時也綿延相隨成脈　隔離的整數也有大小的排列秩序（艮001001＋隨100110）

10. 蹇是防護　噬嗑是咬合

動物的皮甲與咬合的牙構造相差遙遠　在防護個體周全的功能上卻一致（蹇001010＋噬100101）

11. 漸是演進　震是相震

有一種溫柔的轉化來回於安定與冒險　有一種波韻來回於心的兩端

於是像漣漪　緩進的漸與盪漾的震化同了彼此

震的不安與波盪　與化同是相反的能量　而漸是慢慢地轉化　正是相反與相同的互變

漸卦震卦與同人　三者說明了化同與化異間微妙的氣韻（漸001011＋震100100）

12. 小過是糾纏的現在　益是無限的加值

無限的過去與未來在剎那的現在糾纏

神愛世人　所以給了現在無限加值的未來與過去

神說宇宙有兩個　無窮剎那中的剎那化同了無窮未來的未來（小過001100+益100011）

13. 旅是行遠　屯是盤旋

身旅穿梭在美景之間　心旅漫遊在知識之海

水的旅行是盤旋　從蜿蜒的河到大海到雲天　到我們的嘴邊與血液

行旅的萬物化同了水用動靜自我盤旋（旅001101+屯100010）

14. 咸是感性　頤是循環的生態

生命用覺知發現感動　用相養建構生態鏈

感性是生命的養微　化同生態循環的養恆

咸是發覺訊號　同人是化同訊號　頤是相顛倒　顛倒了覺知就是化同　顛倒了化同就是覺知

色即是空是顛倒也是化同　五蘊是咸　五蘊的消失也是咸

咸頤同人三卦解釋了般若波羅蜜多心經的大要（咸001110+頤100001）

15. 遯是退隱　復是復原

人生用退後來收割豐富　也用休息還原初心

退隱與復原在保全人生上同功

化同是不斷地隱藏不同　也是還原了不同的表相　隱藏了化異的外相（遯001111+復100000）

16. 師是作戰訓練　乾是抗逆

人生的戰鬥需要一生的訓練　訓練比自己更強

抗逆的意志也是人定勝天的戰鬥　乾與師化同

練兵是化同士兵的紀律　抗逆是化同天與我的不同（師010000+

乾111111）

17. 蒙是模糊　夬是啟動

宇宙啟始於夬的大爆炸　而心的宇宙啟始於蒙的問與答　模糊是啟動心智的金鑰　蒙與夬彼此化同（蒙010001+夬111110）

18. 坎是交錯　大有是多元

心用垂直思考進入多維的運算　而用廣容異類享有多元的人生
多元與化同彼此交錯垂直　多元不是平行　所以化同交錯與垂直
（坎010010+大有111101）

19. 渙是擴散　大壯是攻取

疫情是病毒用渙的擴散　兵災是野心家用壯征伐　渙與大壯化同
化同有強大的攻擊面　病毒與征服者都在執行化同與統一別人的
工作（渙010011+大壯111100）

20. 解是解開　小畜是積與變

冰在溶點化解成水　烏雲在積多後降雨
心常用靈感解開難題　解化同小畜
化同是數學的（＝）號　可以用來解題　也可以延展心思的靈變
（解010100+小畜111011）

21. 未濟是不足　需是相需

心在不滿足時學習慾求的力量　也在慾求出現後學習不滿足的崇
高　未濟化同需
分享共有的不足與缺需是最強大的化同力（未濟010101+需
111010）

22. 困是圍困　大畜是大集合

知困的心樂活著有限的邊界　知大畜的心收集了人類的過去
知困的心藏著大富的法門　困與大畜化同

共享相同的界困與記憶是化同彼此的大能量（困010110+大畜111001）

23. 訟是相斥　泰是相榮
  爭執與矛盾教育著智慧　執行著生命的磨擦
  而磨擦可以生熱的常識　化同了訟爭與相榮
  共享相同的矛盾與光榮是化同彼此的大能量（訟010111+泰111000）

24. 升是升華　履是擇路
  人生每一天往上求更高智慧或權位　而命運的路在求安中踏前每一步
  升高而棄低化同履安而棄險
  共享一樣的升虛與履安　幻想與道路　是化同彼此的大能量（升011000+履110111）

25. 蠱是淘汰的賽局　兌是對談的人生
  人生在擂台上戰鬥求勝　在談判桌上說理求和
  求勝可以止戰　說理可以息爭　故同人
  共享相同的戰鬥與議題可以化同彼此（蠱011001+兌110110）

26. 井是通路　睽是分別
  掘井可以通深得明　睽辨可以去蒙導盲
  用通路與用眼來獲取資訊一樣重要　相通不是相同　是對立的化同
  共享相同的通路與耳目可以化同彼此的心思（井011010+睽110101）

27. 巽是鬆與寬　歸妹是歸屬
  巽是太極拳練鬆柔　而心在鬆柔中狂想

歸妹是放開緊握的手能讓球遠投

讓心鬆柔與放開緊握的手同人

共享相同的寬容與歸屬可以化同彼此（巽011011+歸妹110100）

28. 恆是持久　中孚是相信

心用長久品嘗誠信　也用誠信接近長久

心與心的連結往往在透明中長久　在長久中透明

共享相同的時光與信仰可以化同彼此（恆011100+中孚110011）

29. 鼎是創新　節是分節

一本書展示了作者累積的創意　而轉折的情節展示了讓讀者欲罷不能的魅力

加高的創意與轉折的情節同人　都能製造感動的新意與節奏

共享相同的創意與節點可以化同彼此（鼎011101+節110010）

30. 大過是不凡　損是簡化

不凡讓人超越了平凡

簡化讓人超越了困難

不凡的心往往懂得簡單就是不凡

共享相同的超越與簡損可以化同彼此（大過011110+損110001）

31. 逅是共生　臨是接近

一個女人用忍辱負重把自己變成與命運共生的皇后

一個男人用貼近舞台發光發熱把自己變成命運的君王

共生在彼此的縫隙中　或登臨自己的舞台　都是成王成后的實踐

共享相同的緣逅與臨台可以化同彼此（逅011111+臨110000）

48. 大臨天地（臨=110000）

大臨是身心最親近的到臨
用零距離的現在放空過去未來
讓心至簡至性至厚的活在當下
也是登上舞台盡情表演　發光發熱　感動眾生
是向深心與靈魂的極力接近　是最厚實地行動

1. 剝是剝壞　損是簡化
   大臨是放聲歌唱直到筋疲力盡　不斷輸出自己直到放空　也是不
   斷剝開偽裝直到本我出現（剝000001+損110001）
2. 比是連比　節是分節
   與朋友比連可以親近天下

幫生活分節可以親近自己

比而多友　節而多章　故可臨豐富的日常（比000010＋節
110010）

3. 觀是觀想　中孚是相信

要大臨天地需要觀至遠與信至誠

以遠求近　以信求無間卽是大臨（觀000011＋中孚110011）

4. 豫是順動　歸妹是歸向未來

順動則心無禁錮　心歸則放開牽掛

以豫臨歡笑　以歸妹臨四邦（豫000100＋歸妹110100）

5. 晉是巨星般的亮點　暌是分別

暌則不臨　是高高在上的太陽　遠離了眾生

臨是走入人群　與晉明相分別（晉000101＋暌110101）

6. 萃是結晶與類聚　兌是對談

類聚而結晶是自我沉澱的臨

對談商議是接近共識的臨　大臨是變成最密的結晶與最透明的交
心（萃000110＋兌110110）

7. 否是否定　履是擇路

否境的臨是接近虎口　履險也

大臨不再小心選擇　而是盡情登台表演　不管別人的拒絕也要履
命的熱情

大臨不履　靠近自己　靠近神　不用選擇　不臨則履　彷彿替別
人在選擇　是傀儡般遠離自己的人生（否000111＋履110111）

8. 謙是謙虛　泰是交換

謙虛的人先臨眾憂　後臨己樂

泰旺的生意先臨獨門　後臨眾順

謙泰都可臨衆　也彼此相臨（謙001000+泰111000）

9. 艮是獨立與相安　大畜是大富
絕對的隔絕帶來絕對的大富　隔絕是大富的實踐（艮001001+大畜111001）

10. 蹇是保護　需是相需
至愛需要至蹇的保護　至蹇與至需相臨（蹇001010+需111010）

11. 漸是演進　小畜是積變
漸是溫柔的臨　小畜是由小漸大的臨
循序漸進的突變是萬物求生存的大臨（漸001011+小畜111011）

12. 小過是細節　大壯是攻取
大臨是將軍臨陣殺敵　用的就是小過的細算與大壯的正氣義理（小過001100+大壯111100）

13. 旅是行遠　大有是多元
生命用旅遠來近明　來臨近寸心　用收容異己來大臨多元的世界
旅遠是多元的實踐（旅001101+大有111101）

14. 咸是感性　夬是啟動
咸可臨極微細之變　夬可臨時空之初始
咸與夬相臨於刹那（咸001110+夬111110）

15. 遯是退隱　乾是抗逆
飛龍臨天　潛龍臨深　強而能自退　真英雄也　可大臨天地　以其莫測高深也（遯001111+乾111111）

16. 師是練兵　復是復原
善兵者善養其息　善復其力　故善臨其勝（師010000+復100000）

17. 蒙是模糊　頤是生態的循環

蒙是相問答　頤是相養　都是信與疑或正與反的循環

頤至大而不可見　蒙至濁而不可清　故相臨

臨是現身讓人看清楚　與蒙相顛倒（蒙010001+頤100001）

18. 坎是交錯　屯是盤旋

坎交者臨交而不亂　屯旋者臨阻而自盤桓

坎而用維　屯而用旋　故相臨於險阻

屯是盤旋不止　是乘馬班如的不確定　臨是站定了舞台　臨定與屯旋相坎（坎010010+屯100010）

19. 渙加時空　益加恩助

渙得群　益大作　故相臨於加法（渙010011+益100011）

20. 解是解開　震是相震　以牙還牙也

煩惱常在解脫與相臨間來回往返

而原諒與報仇的心也糾結相臨（解010100+震100100）

21. 未濟用不滿足製造永續的明天　噬嗑用挑剔改善今天的完美

要大臨天地　就要無止境地修正今天期待明天（未濟010101+噬100101）

22. 困是守困　隨是相隨

守困知困就是與神相隨　守善常樂　能臨良知隨神明（困010110+隨100110）

23. 訟是矛盾　無妄是無常

神用此兩寶統治人間　而人要大臨天地也用兩寶

一是不訟不爭　二是無畏於常或無常（訟010111+無妄100111）

24. 升是升華　明夷是藏秘

大臨不是用身體或有限的智慧接近　而是用信仰與來世的約定

升華不是遠離　是接近隱藏的神　藏祕不是欺騙　是遠離俗明接

近真理（升011000+明夷101000）

25. 蠱是挑戰　賁是美化
大臨要與自己比賽　挑戰自己與美化自己相臨（蠱011001+賁101001）

26. 井是通路　既濟是滿足
大臨是把自己變成眾生的通路　要用最滿意的自己來井養蒼生（井011010+既濟101010）

27. 巽是寬鬆　家人是組合完美
大臨是用最鬆軟的心延伸愛　用家人的心相惜天地萬物（巽011011+家人101011）

28. 恆是持久　豐是放大
大臨的心兼有恆久與豐亮　放大的效果等同親近與延長（恆011100+豐101100）

29. 鼎是創新　離是相映
大臨是開創文明的高度　也是複製創新來接近文明的主流（鼎011101+離101101）

30. 大過是不凡　革是革變
大臨是不凡的自己　也是願意自我革變的心（大過011110+革101110）

31. 逅是共生遇合　同人是化同
大臨是把人生每一次微不足道的遇合
都看成與天使僅有的相遇　是與天地萬物最親密的共生（逅011111+同人101111）

49. 損道至簡（損=110001）

老子道德經說　為道日損

損之又損　乃至於無

所以損道是至簡的大道　也是減法的心法　化簡萬物的人生

因為化簡　所以遠離困難

1. 剝是剝壞　臨是實踐與登上舞台

   損道是用剝損而回歸空無的實踐

   也是向剝壞的接近　或是把舞台讓出來　讓別人登上舞台（剝

   000001+臨110000）

2. 觀是觀想　節是縮節

   損是縮節的時空　也是簡化與歸無的觀想

觀想常在節奏與情節中找到簡化的道理（觀000011+節110010）

3. 比是連比　中孚是相信

心用連比來認知萬物　而至簡的認知是同心的相信　至簡的相信是相親比的心（比000010+中孚110011）

4. 豫是鬆動的螺絲　睽是分別的眼睛

損是用鬆動的豫來弱化歧視的心　也是用明察的睽來減少誤差與鬆動（豫000100+睽110101）

5. 晉是如太陽的名聲　歸妹是歸屬

晉是損暗投明　歸妹損不捨而歸遠方

損功名而歸己命　損己歸而得眾明（晉000101+歸妹110100）

6. 萃是結晶　履是擇路

損獨履可聚多於晶萃　損萃規而擇安履天命

萃聚簡化了獨行　履命簡化了精萃

簡化的割捨與萃的整理造就了獨行的大道（萃000110+履110111）

7. 否是否定　兌是對談

損道在對談中是最簡的共識

而最簡的共識是沒有共識　而至簡的沒有共識是相對無言（否000111+兌110110）

8. 謙是謙虛　大畜是大富

謙虛的人損己益人　積富的人損各種浪費的習慣　損道是謙虛的大富之道

損一人而富天下　損一念而大德成（謙001000+大畜111001）

9. 艮是相安　泰是交換熱烈

相安減損了泰旺　泰旺減損了相安

守分的人損貪婪與躁進　健泰的人損怠惰與冷漠　損道是相安與健泰（艮001001+泰111000）

10. 蹇是阻隔　小畜是積變
聖人用天險來損外敵　用最小的積畜來損不勞而獲的幻想　損道是在大蹇難下的積小幸（蹇001010+小畜111011）

11. 漸是演進　需是相需
損道是用漸少的滿足來簡化慾求　用漸少的需要來簡化演進
水之道用損　漸則損需　需則損漸　漸則離水　需則近水（漸001011+需111010）

12. 小過是細節　大有是多元
損道用更多的細節來損空洞　用更多的品類來損專制壟斷　損道是最小的經過與最大的容納（小過001100+大有111101）

13. 旅是行遠　大壯是攻取
損道用最遠的旅行來損孤陋寡聞　用最壯大的正氣來損不公不義
損道是心正與輕旅的日常（旅001101+大壯111100）

14. 咸是感性　乾是抗逆
至剛的用損是心經的五蘊皆空　無眼耳鼻舌身意　損道是滅了我執與感微的心（咸001110+乾111111）

15. 遯是退逃　夬是啟動
用損之道千變萬化　退者損其爭　快者損其驕
而至快者勝其隱　至隱者勝其速　損遯則夬　損夬則遯　像可開可關的心念（遯001111+夬111110）

16. 師是練兵　頤是相養
善兵者損其孤弱　善養者損其獨霸
更善養者善損爭戰之傷　更善戰者善損食養之重（師010000+頤

100001）

17. 蒙是模糊　復是復原

用蒙者損其僞眞　用復者損其迷戀

更善用蒙者簡化了復原　更善用復者簡化了心蒙　損道無常問亦無常復（蒙010001+復100000）

18. 坎是交錯　益是加值

而損益交坎　用損者知其益　用益者知其損

人生用損求益　簡化自己造福人群　天使之心也（坎010010+益100011）

19. 渙是擴散　屯是盤旋

損道至簡　而至簡之境美不勝收

心痛者求渙　用時空稀釋苦痛　而至簡之渙用屯　讓痛與甘在心中相旋

用損於情的雙方　與夜共夢　與夢共歲　相旋相屯　久而共渙於純眞（渙010011+屯100010）

20. 解是解開　噬嗑是修錯與用刑

至簡之噬用解　用原諒解怨也（解010100+噬100101）

21. 未濟是修道之人持戒守律　以缺修心也　震是相震

而損道與守缺產生震韻

身缺則心足　心缺則靈盈　靈缺則道光　道缺則同塵　用損與用缺　餘韻不絕

損則至簡　簡則不缺　缺則不簡　不簡則不損　故損與缺相震（未濟010101+震100100）

22. 困是安於界內　無妄是勇於行往

而安困之至簡勇於無妄　以有常之心面對無常之命

用損之道內困無悶　外妄無懼（困010110＋無妄100111）

23. 訟是爭訟之人對簿公堂　隨是相隨之人信奉不疑
而爭訟之至簡卽相隨　初隨是非　終隨自命（訟010111＋隨100110）

24. 升是升華之心止於至美　賁是求美之心止於至簡
損道是升而至美至簡之道（升011000＋賁101001）

25. 蠱是治亂之心　明夷是藏明
損道是守住祕密可以止息一切蠱亂
守住擂台可以止息一切僞裝（蠱011001＋明夷101000）

26. 井是人生處處是通路　家人是組合美麗
通井之心養天下人（井收勿幕）
而至簡之井是照顧好家人　至簡之家人是一口井（井011010＋家人101011）

27. 巽是寬大　既濟是滿足
人生的幸福在求既濟的無缺無憾　最簡的既濟是鬆柔的心寬大的懷
而至簡的寬鬆是常感幸福的心（巽011011＋既濟101010）

28. 恆是持久　離是相映與複製
而至簡之恆爲生生不息的離
至簡之損與至久之恆相映
損半是由1成1/2　恆等離的由1分2（恆011100＋離101101）

29. 鼎是創新　豐是放大
至簡之鼎高是放大的想像力（鼎011101＋豐101100）

30. 大過是不凡　同人是化同
至簡的不凡是化同平凡（大過011110＋同人101111）

31. 遘是共生　革是革變

　　至簡的革命是與萬物共生共命

　　而至簡的共命是輕快地改變自己（遘011111+革101110）

50. 節中有節（節＝110010）

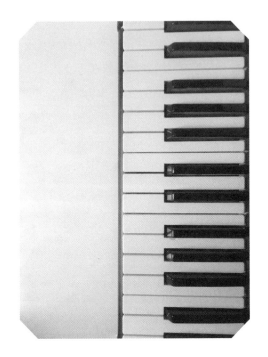

節是分節　是段落　是節氣的四季

是節韻　是章節　是關節

人生是一節很長的課

有它的終點　更有它綿延的歲月　這種又斷又續

縮小長度的美好組合　就是節卦的能量

1. 剝是剝壞與結局　中孚是相信與同心

　　節點是斷點　是連續的剝壞　但節點產生了轉折　又是更進階的

連續

相信是把許多不連續的心串連成互信的心

相信的天地有很多章節　既連貫又轉折

結局與節點在段落與過程中同心（剝000001+中孚110011）

2. 比是相連結的歲月　臨是相接近的日子

節氣中的歲月由短而長　由近而遠　是有分段又有連結的日子

節韻是又斷又續的心情　有最遠的連比與最貼近的感受

臨是縮短自己與心的距離　比是連結最遠的宇宙　節是用縮短來致遠（比000010+臨110000）

3. 觀是觀想　損是簡化

節奏無所不在　一念一覺的生滅是心最簡的觀想　有了生滅斷續就有了節奏

是求簡的觀遠　觀想的簡化

最遠的觀想要靠最簡單的心靈　就是有節的心靈（觀000011+損110001）

4. 豫是順動　兌是對談

節奏是一個人自由的哼唱　也是兩個人精妙的對唱

更是讓兩顆心連在一處的節點　節點提供了連續與轉折　連續是兌　轉折是豫（豫000100+兌110110）

5. 晉是晉陽　履是履道

晉陽在天而陰晴有節　履道在地而曲直有節

天地用節而有良辰吉時與峰回路轉

節是用智慧與標準來選擇人生的轉折與節點（晉000101+履110111）

6. 萃是類聚而得位　歸妹捨離而得進

五穀萃於沃土　而落葉歸於秋冬

萃有其位　歸有其時

天地用節而四季分明　其歸有位（萃000110+歸妹110100）

7. 否爲逆境　睽是分別

否苦之時用節而甘　睽分之情用節而歌

人生用節而歌舞不衰　雖否不苦（否000111+睽110101）

8. 謙是謙虛　需是相需

謙虛的人善均平　用節者節所其用而儉其需

一生均平所需　用節有道故無大缺（謙001000+需111010）

9. 艮是相隔　小畜是積小突變

節之大用可斷可續　可曲可直　可分可連

是在1與0　之間任意分出節點與段落　是小於1的美妙世界

化斷絕爲轉折　在相隔中多積突變（艮001001+小畜111011）

10. 蹇是阻斷　泰是熱鬧的交換

節慶是在阻斷的河邊熱鬧的市集

分節是在市集中巧妙分開的區塊（蹇001010+泰111000）

11. 漸是轉進　大畜是大歷史

節中有節是內化的漸進與轉化

像考古學一樣一層層挖深　然後積成一本人類歷史（漸001011+
大畜111001）

12. 小過是人生的每一天每一秒　夬是萬事的啟始

節是把夬始藏在小過的細節中　人生百歲　而每一天都是一個節
點一個開始

把每一天過精采　像一生的第一天　就是用節的一生（小過
001100+夬111110）

13. 旅是行遠　乾是抗逆是如詩如畫的能量

用節是內化的旅行　像走馬燈或四季

轉著轉著　可以轉出歲月的如詩如畫（旅001101+乾111111）

14. 咸是感性與微分　大壯是生命的壯闊與攻取

節是微分後的世界更壯闊

說故事的用節是情節　在感動點轉折　另闢攻防的戰場

情節是感性的節點夾著理性的攻略　周而復始（咸001110+大壯111100）

15. 遯是隱退　大有是多元

眼睛的用節就是把眼簾閉上　把大千世界暫時隱藏起來

節是用短退而進於大有　是萬相生滅的節奏讓大有世界美不勝收

（遯001111+大有111101）

16. 師是作戰　屯是盤旋

人生是既戰又和的歲月　作戰時用律　和平是用屯　備戰盤旋也

而戰與屯之間的用節就是旋律（師010000+屯100010）

17. 蒙是不斷的問與答　也是不斷的曲與直　益是加值

節是不斷加值的曲與直

蒙本身就是節韻天成　是加值的節中有節（蒙010001+益100011）

18. 坎是垂直相交的線　復是復原

而相交的原點就是節點　所以坎點與節點是雙胞胎（坎010010+復100000）

19. 渙是擴散　頤是圓轉

用節顛倒了擴散　用節的四季形成輪轉的圓

所以用節是一種圓轉中的擴散（渙010011+頤100001）

20. 解是解開　隨是跟隨

　　用節是一種解開又相隨的設計（解010100+隨100110）

21. 未濟是不滿　無妄是平常心

　　用節是對未來的兩種心情

　　一下子妄想更多　一下子守缺守常

　　無妄是轉折的節點　未濟是連續不斷的本質（未濟010101+無妄100111）

22. 困是一個封閉的迴圈　震是來回的波動

　　而節韻正是在迴圈內來回循環的波動　是一條有音韻的弦

　　困中有節　節中有震　震中有節　正是超弦理論的宇宙（困010110+震100100）

23. 訟是往外的張力　噬嗑是往內的咬合力

　　一張一合產生了節韻（訟010111+噬100101）

24. 升是升華與求虛　既濟是滿足

　　升華與既足也形成韻的循環（升011000+既濟101010）

25. 家人是一本小說有諸多的章節　蠱是一種賽局有諸多的節目

　　節目或章節是故事與賽局的交集（蠱011001+家人101011）

26. 井是通往真相的孔　明夷是藏著祕密的厚土

　　或通或藏間存在著節韻的關係（井011010+明夷101000）

27. 巽是鬆柔的風　賁是定形的畫

　　時鬆時定也有美妙的節韻（巽011011+賁101001）

28. 恆是持久　革是輕變

　　恆常不變與輕快改變之間也有節韻（恆011100+革101110）

29. 鼎求新　同人求同

　　新與同的變化之間也有節韻（鼎011101+同人101111）

30. 大過是不凡　豐是放大

　　每個人心中都有偉大的理想　都曾經作過英雄的夢

　　細節是放大平凡後的不凡

　　節慶是不凡的人生放大了喜悅　是每年的生日快樂（大過

　　011110+豐101100）

31. 逅是共生的我們　離是相映的你我

　　緣分在我們與你我之間產生了節韻

　　節慶是喜相逢的共生　加上眾生的心心相映

　　是普天同慶的新年（逅011111+離101101）

51. 同心相擁（中孚=110011）

我們擁抱自己的心　心也擁抱我們
我們的心擁抱這個世界　這個世界也擁抱我們
同心相擁是我們與神的關係　也是萬物相需相敬的關係
是靈的相連　虛的不中斷　是誠信的一生　都是中孚卦的能量

1. 剝是終點　節是像心跳的節奏
   馬拉松選手們用心跳擁抱同一個終點
   而終點的想望也擁抱每一個人的心跳　同心就是用心相擁　是終
   點與節點的相擁抱
   終點是不是節點　中孚卦說絕對是　而不相信的人說不是（剝
   000001+節110010）
2. 比是連比是領導　損是簡化

最簡化的連比是誠信　最簡單的口號得到最堅強的相信

最簡單的領導是誠信的心（比000010+損110001）

3. 觀是觀眾的生命　臨是表演者的生命

表演者的心擁抱著觀眾　觀眾的心也擁抱著表演者

他們同心擁抱著一個舞台　一個節目

有時分不清誰是觀眾　誰是表演者（觀000011+臨110000）

4. 豫是誤差與容易犯錯的本性　履是敬慎選擇

人用容易犯錯的本性小心選擇命運的路

當人們用誤差擁抱敬慎時　命運也用敬慎擁抱誤差

一如我們用雞生蛋　也用蛋生雞（豫000100+履110111）

5. 晉是晉陽高掛　兌是知心相談

晉陽用光輝擁抱人間時　人間也用敬畏擁抱它

我們的敬畏與晉陽的光輝相擁成長　一如相談的知音

唯一的標準與討論後的共識距離遙遠　但同心相擁（晉000101+兌110110）

6. 萃是相聚　睽是分別

相聚與相分同心相擁　一如奈米的晶圓世界

最精細的分辨可以製造最密集的相聚

靈性的相信無遠弗屆　萃的結晶至細至精　中孚與萃相分別（萃000110+睽110101）

7. 否是否定　歸妹是歸屬

一個女人願意託付終身是她一生最大的肯定

而她肯定的現在擁抱著無數的否定的過去

她用無數的否定擁抱著期待的肯定

無數的否定讓肯定與歸屬全心相信　拒絕與歸依誠心相擁（否

000111+歸妹110100）

8. 謙是謙虛　小畜是積小突變
心用高度擁抱著低平時　低平也用積小擁抱著突變（謙001000+小畜111011）

9. 艮是相隔的皮膚　是絕嶺　需是相需的心　是相愛的雲
絕情的外皮擁抱著相需的心　相愛的雲朵也擁抱著孤高的絕嶺（艮001001+需111010）

10. 蹇是一條大河隔開兩岸的人們　大畜是一朵雲集合了大數據
中孚是大河兩岸的人們也用文明的雲朵擁抱著大河（蹇001010+大畜111001）

11. 漸是演進　泰是交換旺盛
生命用每一天的漸進來擁抱泰旺
而泰旺也用健康擁抱漸進（漸001011+泰111000）

12. 小過是細節　乾是抗逆
敬慎的心用細節擁抱每一天的挑戰　而勝天的心用意志擁抱每天的細節
與神同心超越細節　講永恆不講刹那　是與最遠的自己連結（小過001100+乾111111）

13. 旅是遠行　夬是啟動
行旅可擁抱漫漫的歲月　等待歲月中的啟動與驚艷
啟動的心可擁抱驚豔　等待驚艷後漫妙的旅程　行遠與驚艷在歲月中相擁（旅001101+夬111110）

14. 咸是感性　大有是多元
心用感性擁抱世界　而世界也用千驕百媚擁抱感性的心
微感與多元是攣生兄弟（咸001110+大有111101）

15. 遯是退隱　大壯是攻取
    退隱與攻取是方向相反的行動　但擁抱的都是心安理得的豐收
    （遯001111+大壯111100）

16. 師是練兵　益是幫助
    作戰與幫助是相反的行動　但擁抱的都是團隊合作與相信（師
    010000+益100011）

17. 蒙是求疑　屯是盤旋
    求疑的心擁抱著盤桓的每一步　而盤旋的心擁抱著每一個問與答
    （蒙010001+屯100010）

18. 坎是交錯　頤是圓轉
    地圖上縱橫交錯的交通線擁抱著輪轉的地球
    而輪轉的人間也擁抱著繁忙的交通線路（坎010010+頤100001）

19. 渙是擴散　復是復原
    擴散中的雲淡風輕擁抱著復原的心
    復原的心也擁抱著擴散中的傷痛（渙010011+復100000）

20. 解是諒解　無妄是無所謂
    諒解後的自由擁抱著無所謂
    而無所謂的心也擁抱著諒解
    中孚的誠信解開了無妄的天意（解010100+無妄100111）

21. 未濟是守缺　隨是跟隨
    守缺的心擁抱著守序後的知足
    而跟隨的心也擁抱著不足與未知的前程（未濟010101+隨
    100110）

22. 困是圍困　噬嗑是修錯
    無形的牢籠擁抱著一群修錯的人

而修錯的心也擁抱著一群受困的心靈（困010110+噬100101）

23. 訟是相訟　震是相震

相訟的心擁抱著彼此震驚

相震的心擁抱著彼此的矛盾

而相擁中的訟與震追求一個公道　吵吵鬧鬧不得安寧（訟010111+震100100）

24. 升是升華　家人是組合與相惜

升華用人間擁抱天堂

相惜用心擁抱完美　天堂是心對完美的擁抱（升011000+家人101011）

25. 蠱是賽局　既濟是知足

如果人生有知足的秘方那就是參加賽局

用賽局擁抱優越與知足

用對手的勝負擁抱自己的優劣　最後擁抱一個一起奮鬥不懈的擂台（蠱011001+既濟101010）

26. 井是通路 賁是美麗的故事

人生要挖一口擁抱眾生的井　為眾生寫一個擁抱美麗的故事

井是流通的詩歌 賁是絕美的紅樓夢

它們擁抱彼此的美夢（井011010+賁101001）

27. 巽是輕柔的微風　明夷是祕密

喃喃的微風擁抱著樹梢的耳朵

默默的泥土擁抱著恐龍的祕密

真或假的彈性是巽的人生　藏真晦明的動作是明夷的人生　兩者類同而相擁

善藏的心擁抱著胡說八道　胡說八道擁抱著滿心的祕密（巽

011011+明夷101000）

28. 恆是持久　同人是化同
恆常的心擁抱著化異爲同　而化同的心擁抱著化變的恆常（恆011100+同人101111）

29. 鼎是創新　革是除舊
除舊的心中有迎新　創新的心中有革舊
所以鼎革相擁而同心（鼎011101+革101110）

30. 大過是不凡　離是相映
不凡的心擁抱著離離眾生
而離映的心也擁抱著不凡的你我（大過011110+離101101）

31. 姤是共生　豐是放大
人生至美在擁抱善良　在與天使共生　如此可以放大幸福的每一天
姤是女性的生殖器　豐是男性　兩者相擁生兒育女的天職（姤011111+豐101100）

52. 大歸未來 （ 歸妹＝110100 ）

把珍貴的現在嫁到遙遠的未來

把今天的因為變成明天的所以

給出最好的自己　期待明天的更好　把雜亂的心整理好

輕輕歸納出唯一　都是大歸未來與歸妹卦的能量

1. 剝是結束　睽是分開

   大歸不是分開　而是分開的結束

   因為結束過去所以投奔未來　也是與未來合一　剝此而歸彼　人
   生就是歲月的剝與歸（剝000001+睽110101）

2. 比是連比　兌是商談

   大歸是連結未來的箭　也是商議共識的嘴

   因為透明精確　所以比盟無遠弗屆（比000010+兌110110）

3. 觀是遠觀　履是擇路

大歸是先高瞻遠矚　然後闊步於命運

因為敬慎選擇　所以靜觀而安適（觀000011+履110111）

4. 豫是順動　臨是接近

大歸是生命往前的方向　先登台表演　後輕輕飛翔

先淋離盡致　後自由逍遙（豫000100+臨110000）

5. 晉是巨星般的光　損是簡化

大歸是先迷戀潮流　後簡單專一

先割捨暗黑　後擁抱晴空（晉000101+損110001）

6. 萃是結晶與聚集　節是分節

大歸是先縮小選項　再出發聚集

先尋找節奏　後聚集結晶（萃000110+節110100）

7. 否是否定　中孚是相信

大歸先拒人千里　後同心相擁

先建立互信　後挑戰逆境（否000111+中孚110011）

8. 謙是謙虛　大壯是壯行

大歸也是心發展的方向　謙虛以高歸低　大壯以理歸易

先求低後行易　心無罣礙（謙001000+大壯111100）

9. 艮是絕情與隔離　大有是多元多情

大歸是先絕情後變多情

但絕情的果必有多情的因　拈花惹草的多情事實是絕情

所以大歸者要深知因果轉折之妙（艮001001+大有111101）

10. 蹇是阻隔的大河　夬是啟動

此生與來生間有一條大河隔著

大歸者可以渡過大河　開啟彼岸的智慧

所以大隔的大歸是大啟（蹇001010+夬111110）

11. 漸是漸進　乾是抗逆

要修練越過大河的大歸也不難

如果漸卦是漸加的智慧是　自1而2而3而無限大

那麼大歸就是由3而2而1而0

大歸是逆行的漸進　漸進是緩慢的　而大歸是頓悟的（漸
001011+乾111111）

12. 小過是小小地超過　泰是大大的交換

大歸的割捨放棄細節糾纏或斤斤計較

迎接熱情慷慨的交換　譬如生與滅的交換

如此才能越過命運的大河（小過001100+泰111000）

13. 旅是行遠　大畜是大集合

大歸者志在行遠　心懷眾生

捨己而得彼　捨家而得天下（旅001101+大畜111001）

14. 咸是感性　需是相需

感性的大歸是大愛　相需的大歸是深愛（咸001110+需111010

15. 遯是退隱　小畜是積變

大歸者能退　能積　能變

退此岸而畜彼岸（遯001111+小畜111011）

16. 震是相震　師是練兵

大歸者用貫一的訓練　離開震盪的心　前往彼岸的國泰民安

用兵者凶　不如用歸者和　故歸與師相震（師010000+震
100100）

17. 蒙是天地蒙朧而扭曲　噬嗑是修錯

大歸者噬今日之蒙而修來日之正

捨噬而歸蒙　放下修錯的念而歸依蒙的美

捨蒙而歸噬　放下蒙的多疑而歸依噬的正確（蒙010001+噬100101）

18. 坎是交錯　隨是跟隨

處坎之道用跟隨　隨交通號誌　隨人車前進　無法相隨則不如用歸

大歸化隨為坎　用垂直思考離隨而得其歸

隨者依序　歸者跳躍　兩者相坎（坎010010+隨100110）

19. 渙是花粉在風中飄蕩　無妄是沒有一定的目的地與行程

大歸是花粉渙離根莖　無畏地飄向未來

歸於天意　歸於自然（渙010011+無妄100111）

20. 解是解開　復是還原

解開了衣服就還原了裸體

大歸是解開了今生的牽掛　還原來生的自由（解010100+復100000）

21. 未濟是永遠的明天　頤卦是今天的地球

大歸就是給今天的地球一個永遠的明天（未濟010101+頤100001）

22. 困是圍困　屯是盤旋

大歸未來就是忘記受困的過去

迎接每天的日出日落

埋葬困的此生　迎向屯的來生（困010110+屯100010）

23. 訟是每天漸增的爭執　益是每天與神的感謝

大歸者遠離人的訟爭　大歸神的福恩（訟010111+益100011）

24. 升是升華　豐是放大

大歸遠離自誇的俗世　就歸虛空的清明（升011000+豐101100）

25. 蠱是挑戰　離是相映

　　大歸是遠離好鬥的擂台　就歸心心相映的未來（蠱011001＋離101101）

26. 井是通路　革是除舊

　　大歸是革除破舊的往昔　井養蒼生的未來（井011010＋革101110）

27. 巽是五胡亂華的年代　同人是大一統的漢唐

　　大歸是捨棄混亂　就歸大同（巽011011＋同人101111）

28. 恆是持久　明夷是藏明

　　大歸是厚藏久遠的祕密　就歸嶄新的未來（恆011100＋明夷101000）

29. 鼎卦創新未來　賁卦描寫現在

　　大歸者用創新的未來賁美現在

　　卽使活在完美　也不忘創新（鼎011101＋賁101001）

30. 大過者超越過往眾生　旣濟者圓滿一己之心

　　大歸者越過往昔與當下而圓滿未來（大過011110＋旣濟101010）

31. 姤是遇合與共生　家人是組合與相惜

　　大歸者以舊求新　也以新求舊

　　用未來的遇合重溫舊時家人的幸福　也用相惜的家人延伸成共生的萬物（姤011111＋家人101011）

53. 對立與拆分（睽＝110101）

拆分與歸一相對　把人拆分則有男女　把事拆分則有難易
把時間拆分則有長短新舊　把空間拆分則有大小曲直
所以把一拆分之後是對立的二

1. 剝是剝壞　歸妹是大歸未來
   剝壞的過去與大歸未來是時間的對立與拆分（剝000001＋歸妹
   110100）
2. 比是連比　履是擇路
   對立是對比的雙方各有天命　分道揚鑣又義結金蘭（比000010＋
   履110111）

3. 觀是觀想　兌是相談
　我們的心用二元對立認識世界
　卽使對「我」的觀想　也可拆分爲可以對談的大我與小我
　觀的弘遠與兌的精細相分別（觀000011+兌110110）

4. 豫是順動加速　損是簡化
　對立的心可以簡化理解　加速運算的速度
　豫的加速與損的減速相分別（豫000100+損110001）

5. 晉是亮度　臨是接近
　學問的亮度隨著拆分的細度而增加
　而接近的強度也因拆分的努力而變強　人生因睽分而接近明亮
　虛名與實臨相睽分（晉000101+臨110000）

6. 萃是結晶　中孚是相信　是同心擁抱
　拆分愈精細是奈米世界的愈密集　也是信仰世界的愈弘偉　萃的
　密集與中孚的弘遠相睽分（萃000110+中孚110011）

7. 否是否定　節是分節
　對立的雙方有時會否定彼此　有時會組成分節的夥伴　節點是增
　加連續的靈活　睽點是分斷不再連體（否000111+節110010）

8. 謙是謙讓　大有是多元
　萬物在對立時學習謙讓與公平　在不同的拆分裡看到多元與豐富
　求均平與求多元相睽（謙001000+大有111101）

9. 艮是獨立相安　大壯是攻取
　拆分產生獨立的山頭　也製造了正邪的攻伐（艮001001+大壯
　111100）

10. 蹇是阻隔的護城河　乾是抗逆
　拆分是用蹇阻的河把土地分成抗逆的兩岸

塞阻的盔甲與耳目聰明是相抗逆的特質　保護自己與戰勝自己是相分的特質（塞001010+乾111111）

11. 漸是慢進　夬是快啟
漸行漸遠的演化與突發的事件爆炸相睽　漸進與轉化開啟了分別心（漸001011+夬111110）

12. 小過是細節　大畜是大數據
細節與大數據對立（小過001100+大畜111001）

13. 旅是行遠　泰是熱烈交換
睽分的眼可以看好書逛風景
對立的供與需讓交易熱旺
旅的行遠與睽的辨近是最熱烈的交換（旅001101+泰111000）

14. 咸是微細的感性　小畜是漸積的突變
剎那的覺知與慢慢的積變彼此拆分對立
耳目睽辨的能力是咸的累積與質變
感性的世界用睽分來積變　睽分的世界用感覺來畜變（咸001110+小畜111011）

15. 遯是退隱　需是相需
退隱與相需彼此對立
愈遠的對立隱藏愈多的相愛
分別是隱藏的相吸（遯001111+需111010）

16. 師是練兵　噬嗑是修錯
練兵可以治軍求眾正　修錯可以避己禍　彼此對立
兵法用睽是賞罰分明　用噬是校正枉私（師010000+噬100101

17. 蒙是模糊　震是相震
對立分明的天敵是蒙暈不明

但過度的睽分會反震成為心的蒙蔽（蒙010001+震100100）

18. 坎是十字路口　無妄是無常與不可猜

對立常在十字路口糾結　綠燈或紅燈　加速或煞車

對立只是一串妄想　平安才是唯一的路

看清楚的睽與無法預測的無妄彼此互坎

二分法是粗躁的　往往不能反應真相　只是帶來更多相坎與無妄

的理解（坎010010+無妄100111）

19. 渙是擴散　隨是相隨

渙散與相隨彼此對立（渙010011+隨100110）

20. 解是解開　頤是來回循環

對立有如鬆開緊握的雙手

或是買一張沒有來有回的票　是循環圓的崩解（解010100+頤
100001）

21. 未濟是無窮的延續　復是還原到啟始態　兩者相對立（未濟
010101+復100000）

22. 困是圍困的魔　益是幫忙的天使　兩者相對立（困010110+益
100011）

23. 訟是相斥　屯是盤旋　對立是持恆的盤旋與爭訟（訟010111+屯
100010）

24. 對立是升華後的複製　是相映而不相離開的二（升011000+離
101101）

25. 對立是用比賽找出優劣　用放大找出真偽（蠱011001+豐
101100）

26. 井是通路　同人是化同

對立的雙方可以建立通路　可以化同歧視

對立是化同的通路　化同也是對立的通路　可以創造更美好的分
享　一如上帝替亞當創造了夏娃（井011010+同人101111）

27. 巽是寬容　革是革變
寬容與革變相對立
睽分讓心更聰明　但不要只選擇聰明
要用寬鬆的心平衡聰明　用狂想的心來改變對立（巽011011+革
101110）

28. 恆是持久　賁是定形
美的對立不只是不美　還是不耐久的美
永恆的對立不只是短暫　還是不美的永恆
對立是恆久的美化（恆011100+賁101001）

29. 鼎是創新　明夷是藏明
升明與藏明對立
創新的對立不只是陳舊　還是看不見的創新
祕密的對立不只是常識　還是日新月異的祕密（鼎011101+明夷
101000）

30. 大過是不凡的獨夫　家人是美麗的組合
家人與睽卦相綜　是彼此的不凡
獨夫與相惜的家人相對立
孤獨有不凡的本質與對立的後果　對立與不凡是孤獨的家人（大
過011110+家人101011）

31. 遘是遇合　既濟是調和
對立是分開與遇合產生相調和的存在
是經過細心調和後的美麗遇合
完美是對立與共生的調和（遘011111+既濟101010）

54. 交心對談（兌＝110110）

心與心的對談　聚焦一個問題　抽絲剝繭

不斷整理　不停商議　直到晶瑩剔透　和悅共識

就是交心對談

人生需要相知的朋友　需要可以交心的聖哲智慧

甚至更重要的　要能與自己深心交談　都是兌卦的能量

兌卦是不斷接近與結晶後的精確　像幾何學的碎形

不斷縮小仍保有相同轉折的邊

1. 剝是結局　履是獨自擇路

一個人走在命運的長路太孤單

找一個交心的朋友可以結束人生的獨行（剝000001+履110111）

2. 比是連比　歸妹是歸一

交兌是是眾多友情結盟且歸一於一個想法（比000010+歸妹110100）

3. 觀是觀想　睽是對立

要和自己交談　用對立的觀想　不同的立場

靜想古今　細談乾坤　和悅歡暢

一個人靜觀與兩人對談是不同的生活態度（觀000011+睽110101）

4. 豫是輕快　節是節奏

對談要輕快不要凝重　要簡節不要冗長

像合唱一首歡樂的歌　共享一種美妙旋律（豫000100+節110010）

5. 晉是知性　中孚是同心

對談要有知性的光　誠信的透明　擁抱彼此的心（晉000101+中孚110011）

6. 萃是結晶　臨是登台

對談要貼近彼此的心　輪流登台表演似地

淋離盡致　拋空自己　最後得到結晶般的結論（萃000110+臨110000）

7. 否是否定　損是簡化

對談不要鄉愿式地贊同　要率直地否定

在否定中迅速減少彼此的歧見　達成一致的共識（否　000111+損110001）

8. 謙是謙虛　夬是爆發與啟動
　　對談態度要謙虛　用詞要公正
　　但不要抑制得意昂揚　要不時用爆發的靈感點亮新的星辰（謙001000+夬111110）

9. 艮是相安　乾是抗逆的人性　也是潛藏的神性
　　人可以和神交心對談
　　因爲人有神性　對談讓人神在相安中相知相惜
　　讓最遠的邊界也有最近的相知（艮001001+乾111111）

10. 蹇是盔甲　大壯是劍戟
　　交心不是一見如故　而是慢慢脫下盔甲　放下劍戟（蹇001010+大壯111100）

11. 漸是漸進　大有是多元
　　交心要愈慢愈柔愈持久
　　而交疊的面積要愈大愈多元（漸001011+大有111101）

12. 小過是細節　需是相需
　　交談有時會在細節處糾纏　在相需中失落
　　要用大愛交心　用小事對談（小過001100+需111010）

13. 旅是行遠　小畜是積小突變
　　行遠是經歷的積小　發現感動是由積生變的小畜
　　心在對談中相偕旅行　而在交疊時發生突變　產生靈感（旅001101+小畜111011）

14. 咸是感性　泰是交換
　　交心是靈的交換
　　而敏銳的感性是交談的汽油　讓對話的引擎不停地運轉（咸001110+泰111000）

15. 遯是退隱　大畜是大集合

   對談可以讓時光倒轉　退到最遠的過去　包括彼此的童年　甚至
   共同的祖先（遯001111+大畜111001）

16. 師是紀律　隨是跟隨

   交心的情誼需要長期自律的訓練　也要如影隨形的關心
   （師010000+隨100110）

17. 蒙是模糊　無妄是常心

   交心有時需要裝糊塗　要容忍無常的情緒
   蒙體與妄體是交心的知己　當心智不求甚解時與天意的無常可以
   交心相談
   心智的蒙與天意的無妄是交心的知己（蒙010001+無妄100111）

18. 坎是交錯　震是相震

   交心像交錯的路口　有時充滿驚訝　有時歡欣共鳴　有時是把智
   慧相乘
   交心是交坎的波　也是波的交錯　是韻中有韻
   震波的坎是振幅與頻率　兌是用調幅或調頻的方法找到溝通的管
   道　交心兌與交錯坎彼此相震（坎010010+震100100）

19. 渙是擴散　噬嗑是修錯

   交談有時海闊天空　有時細心咀嚼　外擴與內修可以交心（渙
   010011+噬100101）

20. 解是解開　屯是盤旋

   交心的過程有時頓悟解惑　有時盤旋終生
   有時是漩渦的形成　有時是消解（解010100+屯10001000）

21. 未濟是再續與不足　益是相幫助

   交心有時很貪心　要求無止境的加值

一如天使對善良的要求（未濟010101+益100011）

22. 困是把心縮成一點　復是無數次的重現

幾何圖形中的碎形展現了無限縮微的邊界

一如點與線之間無窮的對話

心與心的對話是一種靈性的碎形　永遠有更細微的驚喜（困010110+復100000）

23. 訟是相斥　頤是顛倒後的相養圈

相訟與相兌談互相顛倒

有時爭吵是交心的前奏　不爭不吵反而是離心的前兆　相訟與相知彼此相養（訟010111+頤100001）

24. 升是升華　革是改革

升華到高階與改革到新局是心往上往前的趨性　兩者可以交心相談（升011000+革101110）

25. 蠱是比賽　同人是化同

交心的對談像擂台上的對手

比賽的項目是如何化同兩顆爭勝的心（蠱011001+同人101111）

26. 井是通路　豐是放大

交心的話題是被挖開的井泉　放大的友誼是四散的花香（井011010+豐101100）

27. 巽是寬容無邊　離是相映　兌的交談是精確細密

知心的朋友天南地北如風的閒談

是心湖上生生不息相映的漣漪（巽011011+離101101）

28. 恆是持久　既濟是調和

與知己的一席話　可以貫穿歲月風雨

此生無憾　來生無求

調和是精確的討論與達成共識（恆011100＋既濟101010）

29. 鼎是創新與烹調　家人是完美的組合

相知是精心烹調後的家人　是完美與創新間的交談（鼎011101＋
家人101011）

30. 大過是不凡　明夷是藏明

相知也是一生最不凡的祕密

交心是他懂我　一個被深藏的自己　和一個比我更懂我的生命
（大過011110＋明夷101000）

31. 姤是遇合　賁是美化

知己是下凡的天使　是一生最美的圖騰　最美的遇合

對談要有美麗的故事　確定的邊界　也要有遇合與共生的浪漫
（姤011111＋賁101001）

55. 擇步履道（履=110111）

命運的大道是用一步步小心走出來的

天道不在天上　在我們的鞋子下　履道就是勇於選擇天命之道

一步的現在與一生的未來心心相印

每一步都是自由意志的抉擇　是痛苦的割捨　敬慎的選擇

人生的抉擇像一串密碼　開啟獨一的命運

命運是生命隨時的運算　像一組由億萬參數組成的方程式

代表獨行的命運　個人的王道　都是履卦的能量

1. 剝是結局　兌是相談

   相談的結局產生一種共識　一種抉擇過的最後決定　代表一生的敬慎擇命之道（剝000001+兌110110）

2. 比是親比　睽是分別

   命運的獨行連最好的朋友都無法分享全部

   走一條對的路有時要作一萬次道別（比000010+睽110101）

3. 觀是遠觀　歸妹是歸屬

   命運的路上　我們是作主的也是旁觀者

   以為是自己的決定　事實是有更高的主宰指引我們的歸屬（觀000011+歸妹110100）

4. 豫是輕鬆　中孚是相信

   命運的路上有信仰會走得更輕鬆

   自由意志是一種幻覺　它的選擇　冥冥中就是祂的選擇（豫000100+中孚110011）

5. 晉是求名求知　節是分節

   要往明亮前進　用簡單的節奏

   或是把路分節成更短的段落　如此才能摘下更遠更高的星星（晉000101+節110010）

6. 萃是結晶　損是簡化

   當路不好走　要減輕行囊　拋開貪心的妄想

   最後的選擇往往是結晶般的善良（萃000110+損110001）

7. 否是逆境　臨是接近

   天命的本質否如虎口　充滿未知的凶險

   要用敬慎的心　如臨深淵地走（否000111+臨110000）

8. 謙是謙虛　乾是抗逆

天命有時藏在最低的深谷

往謙虛的方向　愈能感受龍虎般的自己（謙001000+乾111111）

9. 艮是絕情與孤獨　夬是開啟

天命有時藏在最高的山巔　絕情而孤獨

這是天命要開啟一個嶄新的你（艮001001+夬111110）

10. 蹇是險阻　大有是多元

有時路來到一條渡不過的大河

不用沮喪　因為河邊會遇到最多的朋友（蹇001010+大有111101）

11. 漸是慢進　大壯是壯闊

轉彎時步伐要慢要溫柔

但心要壯闊　你會發現正大的路更好走（漸001011+大壯111100）

12. 小過是細節　小畜是積小突變

有時心被迷惑　不知如何繼續走

就暫且停下來　欣賞一下美麗的細節

充實的命運要用小事塞滿日子　等待靈感的天使來訪（小過001100+小畜111011）

13. 旅是行遠　需是相需

命運是一趟遠行　裝滿飢渴的慾望

選擇了相需與相愛　再遠的行旅也值得（旅001101+需111010）

14. 咸是感性　大畜是大集合

感性是覺知的參數　命運是一串百年參數的集合

美麗的命運能感受刹那的美好　能記憶一生的甜蜜（咸001110+大畜111001）

15. 遯是退隱　泰是交換

有時天命不在前方而在後方　不是進而是退

可進可退的路　走別人看不到的路　往往生意興隆（遯001111+泰111000）

16. 師是戰鬥　無妄是平常心

設想有一天路上需要戰鬥　所以平常心就是用訓練來等候

平常心是先吃苦後必勝的選擇（師010000+無妄100111）

17. 蒙是昏暗蒙朧　隨是跟隨

命運不要跟隨黑暗　要跟隨光明　跟隨良知　跟隨祂的指引

跟隨與擇路是相對的態度　一如問與答　命運可以用選擇　也可以用跟隨　各有殊勝（蒙010001+隨100110）

18. 坎是交錯　噬嗑是修錯

當來到命運最難的交差口

或選擇出現嚴重的錯誤

要勇敢修正　用垂直的思考走　修錯是事後的補救　選擇是事先的作功課（坎010010+噬100101）

19. 渙是擴散　震是相震

人生有時傷痛太重無法前進

不如休息放鬆　感受著放空與簡單的節奏

方向的渙散與選擇是相震的峰與谷（渙010011+震100100）

20. 解是解開　益是加值

人生要選擇原諒的路　帶著感恩的心走

放下與暢開封閉的心　自助天助是最平坦的路（解010100+益100011）

21. 未濟是守缺　屯是盤旋

人生有時會繞著圓圈走

甚至跛著腳走　守缺持戒是學修道者走路

盤旋是學星星走的路（未濟010101+屯100010）

22. 困是困圍　頤是相養

人生的大道是由困走出　走在頤的相養中

心的大道是走出我執　走在替蒼生的算計　走在慈悲與相養（困010110+頤100001）

23. 訟是矛盾　復是復原

當心在矛盾中卡關　大道是走回初心的純淨（訟010111+復100000）

24. 升是升華　同人是化同

心的大道求化同天地　也求升華此生到來世　履道即升心之道

把天命踏實的道（升011000+同人101111）

25. 蠱是挑戰　革是革變

大道由亂而治　亂世要勇於革變　治世要勤於挑戰（蠱011001+革101110）

26. 井是通路　離是相映

大道即分享天下人的通路　通天地之理　與善知美麗相映（井011010+離101101）

27. 巽是寬容　豐是放大

大道至寬　要容眾生的善惡

大道至豐　要定眾星的北斗（巽011011+豐101100）

28. 恆是持久　家人是組合

擇人間的步　履天命的道

積善之家　必有恆福　大道守常　相惜在心（恆011100+家人

101011）

29. 鼎是創新　既濟是調和

文明之道　建鼎之邦　風必調雨必順　大道迎新　調和民心（鼎011101+既濟101010）

30. 大過是不凡　賁是美化

擇英雄的步　履唯美的道

大過之心　必有賁美之詩　大道不凡　定於一美（大過011110+賁101001）

31. 姤是共生　明夷是藏明

擇藏明的步　履共生的道

明夷之心　必有武曌之朝　大道如欺　六畜興旺（姤011111+明夷101000）

56. 永動泰順 (泰=111000)

是生生不息的生命圈
是宇宙中能量與物質旺盛的互動與交換
是魔法般的變通有無　旺盛的景氣　活絡的生意
是健康的身體　是易經的核心價值

1. 剝是剝滅　大畜是歷史的總合
   泰順就是不斷再生的過去　永不死亡的大未來
   泰不是一個人的大富　是一個世界的百業興盛（剝000001+大畜

111001）

2. 比是連比　需是相需
　　泰是世界的經濟　是景氣熱絡　是供需的大聯盟（比000010+需
　　111010）

3. 觀是觀想　小畜是靈感
　　觀想讓心生氣膨勃　從靜觀到文思泉湧就是觀與小畜合成的泰
　　（觀000011+小畜111011）

4. 豫是輕鬆的動　大壯是有力的肌肉群
　　輕鬆與用力間有永動的祕訣　即用最大的能作最小功率的事（豫
　　000100+大壯111100）

5. 晉是唯一的太陽　大有是處處的太陽　滿天的星星吧
　　唯一與處處之間有泰順的交換　像把大劇場搬到家中的電視機一
　　樣（晉000101+大有111101）

6. 萃是聚集人群　夬是最快的動員
　　拿破崙用快速動員與聚多的兵法征服了歐洲（萃000110+夬
　　111110）

7. 否是否定　乾是天神與龍般的能量或抗逆的自我
　　否定了神就肯定了人
　　否定了抗逆就肯定了泰順
　　在心的認知上　非龍是龍　非佛是佛　是我非我
　　這是心經與金剛經上的無相佛法
　　全面的否定交換後就是重新的肯定
　　泰卦連天與地都交換了　生死起滅當然也可交換（否000111+乾
　　111111）

8. 謙是以高求低　臨是君臨天下

而用泰的君王以謙治天下　是淋離盡致的謙

泰是化高爲低　化低爲高的功夫　用謙卑來統治的王道（謙001000+臨110000）

9. 艮是自我的畫界　損是簡化界線

用泰是把限制自我的界線化簡至無　不只是無我　也是開發最大的我

泰是無我　小我　大我間的交換　也是我與神佛天地宙一切的交換　把我的界限全面打破（艮001001+損110001）

10. 蹇與節都遇到外在的險阻　蹇用停止與定居面對險阻　節用分節曲彎面對

蹇是保護的盾　節是繞圈子的四季

用泰就是在險阻的保護下歌舞昇平（蹇001010+節110010）

11. 漸是逐漸展開的表演　中孚是心心相印的表演者與觀衆

舞台是固定的　表演是不停的

用泰就是貫穿固定與不停的雙方

節目不變觀衆變　觀衆不變表演變　戲後總有戲（漸001011+中孚110011）

12. 小過是細節的日常　歸妹是未定的未來

泰順是把身邊細算的日常當作大歸以後的未來　讓當下有來生未來如當下（小過001100+歸妹110100）

13. 旅是遠行　睽是分別

泰是用遠旅的心情享受身邊明麗的分別心　也是用精緻的睽分之心感受人生的不息之旅

旅是用心看美麗的世界　泰是把自己當作美麗的世界　讓歲月見證自己豐富的生命成長　所以泰旅相睽（旅001101+睽110101）

14. 咸是感性的至微　兌是碎形般的精細

    泰是用至微的感性去探索不斷縮小比率但總是重現相同幾何的碎形

    泰健是最敏銳的感性發揮最熱烈的交談　是感性間最精微的對談

    泰是無限精微下發展出來的碎形生命（咸001110+兌110110）

15. 遯是隱藏　履是大道

    泰是隱藏的大道　是老子的大道無道

    是命運之路可進可退的交換

    泰健是逃命與履命的總合　是無路與有路的交換（遯001111+履110111）

16. 師是兵法　明夷是詐術

    泰是善用欺敵的必勝兵法　是一貫訓練後的自我深藏　也是深藏在心的不敗雄師（師010000+明夷101000）

17. 蒙是看不清楚　賁是美化

    泰是革命性的美　既扭曲又定形　既朦朧又寫真（蒙010001+賁101001）

18. 坎是交錯　既濟是調和滿意

    泰是魔法般的水火　用最大的坎練習最大的圓滿

    像把相交於平面的十字路改成交疊的高速路　而泰與既濟之間存在交坎的關係

    一個小小的滿意心與大大的順泰心相坎　滿意阻擋了順泰　順泰也阻擋了滿意（坎010010+既濟101010）

19. 渙是發散成虛　易經爻詞渙王居說

    國王散去小家小居　而以天下為家為居

    家人是相惜的私領域　用泰者志在天下　以渙空為家　以蒼生為

家人（渙010011+家人101011）

20. 用泰之道多變　豐是放大　解是解惑

　　放大了視野　自然容易解惑

　　解開了心鎖　自然容易放大

　　解是春天把冬天的冰雪溶解　豐是是秋天把夏天的百穀豐收　泰

　　順是春夏秋冬的冰溶與豐收（解010100+豐101100）

21. 未濟是天命的未來　離是繁衍富庶的大地

　　以天存續　以地繁衍　就是用泰（未濟010101+離101101）

22. 困是受圍　革是改革老舊

　　困內者革其外　困舊者革其新

　　所以困革交泰　新舊內外相通也

　　用泰者困舊不悶　革新不貪（困010110+革101110）

23. 訟者相爭　同人化同

　　同則用寬鬆容納其異　訟則用緊張排斥其同

　　泰者鬆緊自如　不訟不同　心相訟而矛盾叢生　泰順之心壯於相

　　訟　興隆之業善其同　善治矛盾（訟010111+同人101111）

24. 升者進高　復者回低　泰者升高復低得其虛實圓轉（升011000+

　　復100000）

25. 蠱者鬥法　頤者和養

　　蠱中有頤　頤中有蠱　用泰者見蠱得頤　見頤得蠱　善其利　用

　　顛反與比賽營泰之實（蠱011001+頤100001）

26. 屯是恆常的天體　井是相通的蟲洞

　　泰者穿梭蟲洞悠遊於多重宇宙（井001010+屯100010）

27. 巽是柔軟的身心　益是加大的能力

　　泰者兼有容受與加力的本質　是生命的彈力與善良（巽011011+

益100011）

28. 恆是永靜與平常　震是永動的歌聲

泰不守靜　泰變恆常為震動　泰與恆是彼此相震

長久的震動與歌聲正是永動的泰（恆011100+震100100）

29. 鼎是用烹理建立高明的美食文化　噬是用細咀慢嚥去毒與消化

鼎是建新　噬是刑錯

用泰治國者兼有罰惡與勵新之治（鼎011101+噬100101）

30. 大過超越　隨跟隨

用泰者　以越為隨　以隨為越　超越與跟隨同心於泰（大過011110+隨100110）

31. 姤是遇合的現在　無妄是無常的未來

泰者共營未來與現在　用共生的現在活出無畏的平常心　若心能交泰　可溯遇聖賢　可預測天意

所謂遇合古今　與天意共生（姤011111+無妄100111）

57. 集大與積富（大畜=111001）

最大的集合是整個宇宙
最大的積富是個謎
錢財的積富與心靈不同
心用美積富　用故事　用感動與理想
而易經喜歡在心智與時間中積富

1. 剝是剝亡與結束　泰是最大的交換
   把剝亡的時間交換成再生的當下
   用當下把歷史的過去作全記錄

把文明的全記錄收納在口袋中　就是時間的積富（剝000001+泰
111000）

2. 比是類比與結盟　小畜是突變與靈感
大畜可類比小畜　但不是小畜
是小畜的親盟　用一個靈感統治一個世界的富有（比000010+小
畜111011）

3. 我思故我在　觀想可以創造萬物　需是需求
用靜觀收納並創造萬物的需求可以積大富（觀000011+需
111010）

4. 豫是化易　大有是化異
心智用化易與化異來積富
大畜之富與大有之富是微小的豫動　也是最容易的轉換（豫
000100+大有111101）

5. 晉是用明　大壯用征服
用知識的高明征服天下是大富的壯舉（晉000101+大壯
111100）

6. 萃是聚集　乾是天神般的大能力
把天聚集在當下　用當下統領古今與人生
是天神般積富的心智（萃000110+乾111111）

7. 否是否定　夬是啟動
每個否定都可啟動一萬個大集合
用最果決的說不可以累積人生大富（否000111+夬111110）

8. 人生充滿大富的機會
有時它藏在平凡的眾生　要用謙虛去發現
有時它藏在簡單的道理　要用減法去靠近

大富像海　謙下而納百川　大富像無憂　損其疾而得壽（謙 001000+損110001）

9. 艮是相安的山　臨是接近
大富有時是一種相安　安靜躺在無爲的身邊
像漢朝的文景之治　皇帝用無爲而治替蒼生積富
大富有時是一種表演　衆生用歌舞般的生命表演自己的極限（艮 001001+臨110000）

10. 蹇是阻隔　中孚是相信
大富有時在河邊散步　一條危險無法渡過的河
大富是擁抱蹇難的河水　在它的保護下締造一個大河文明（蹇 001010+中孚110011）

11. 漸是慢進　節是分節
心的大富藏在記憶中　強大的記憶力靠分節與漸進
在節拍中溫柔地轉進（漸001011+節110010）

12. 小過是細節　睽是對立與分開
小過與大畜對立
但是能在細節處發現睽分的智慧　正是大富的心（小過001100+睽110101）

13. 旅是行遠　歸妹是歸一
大畜的心用最遠的運算找到歸一的答案
也用歸一的目標計劃最遠的探險（旅001101+歸妹110100）

14. 咸是斜率與參數　履是尋找參數的長路
人類全能的心是人工智慧的大富
集合億萬個參數的運算可以製造人工智慧（咸001110+履110111）

15. 遯是退隱　兌是不斷縮小的碎形　是對談的心篩選出來的精華
隱遁的精華更多　大富的心用細心發掘看不見的精華
大富是豐收蒼生爲心的知己（遯001111+兌110110）

16. 師是作戰與訓練　賁是定形與美化
大富的心用團隊生產價值　用美化吸引需求
而最富有的心可以把強大的敵人化成美麗的故事（師010000+賁
101001）

17. 蒙是問與答的世界　明夷是看不見的眞相
問題或答案都可以讓人致富　欺騙也行　但不要欺騙
大富的心樂於收藏似是而非的答案
大富藏在看不清的眞眞假假中　是比看得清楚的眞理更富有的心
（蒙010001+明夷101000）

18. 坎是交錯　家人是組合完美
大富不是完美　是完美的垂直思考
大富的心在十字路口勇敢轉彎　在天倫之樂中懂得垂直
把一家之美換成萬家之美（坎010010+家人101011）

19. 渙是擴散　旣濟是滿足
大富不是滿足　是擴散的滿足
不是一個人的滿足是感染全人類的滿足（010011+旣濟101010）

20. 解是解開　離是相映離
大富不只是複製衆多　甚至是解除複製
是生生不息的理解與諒解　現實中的大富有時只是夢裡一個頓悟
（解010100+離101101）

21. 未濟是不足　豐是放大
大富藏在衆生的不足　藏在永續的未來

藏在一顆會放大別人需要的心（未濟010101+豐101100）

22. 困是一個最緊的小集合　大富是一個最貪的大集合
大富類同於困局　一如人類雖受困於地球　在化同之心中享受了
宇宙中罕見的大富足（困010110+同人101111）

23. 訟是矛盾　革是改革
大富的心善用矛盾與改革致富
譬如化敵為友　譬如把色即是空的難解　改成色中有空的易懂
（訟010111+革101110）

24. 升是升華　頤是大圓
大富要有環保的宏觀　不是生養更多的人　而是生養萬物　與神
的溝通（升011000+頤100001）

25. 蠱是賭局　復是不止息
有人大富靠不停地賭　但更多人的大貧因為好賭
差別在圖利自己還是為蒼生造福（蠱011001+復100000）

26. 井是一技之長　一個平台一個通路　益是幫忙
大富起於通路與分享　還要有一顆天使的心　總是願意幫忙（井
011010+益100011）

27. 巽是容量與柔軟度　屯是盤旋
大富是一種盤旋的能力　一種與天體一樣持恆的心　也是一種寬
容與柔軟度　接受狂想與異端（巽011011+屯100010）

28. 恆是時間的總合　噬是修正的意志
時間是一生最大的貴人　而修正的心是最賢能的大臣
即早合貴與養賢是大富的保證（恆011100+噬100101）

29. 鼎是創新　大畜是貯舊　兩者如水波一樣相震
在創新高度上努力　有一天或許震動了天下人　會變成財富（鼎

011101+震100100）

30. 大過是數學上的極端數　無妄是數學上的亂數

　　彼此是對方的極端　合起來就是大數的大畜

　　無常經過大數化後變成常數　這是機率的本質

　　大數的無常化則變成亂數　數學告訴我們

　　大富由天　是一種亂數

　　但心的大富是大數　更是把亂數化成常數

　　大過與大畜間存在無常的關係（大過011110+無妄100111）

31. 逅是共生　隨是跟隨

　　大富不在未來　在當下　不在遠方　在身心中

　　我們的身體有無數共生的微生物　我們心有無數可喜的想法

　　我們的命運有無數天使的庇佑

　　用喜悅跟隨天使就是大富（逅011111+隨100110）

58. 相需與愛（需=111010）

相需是一種相吸引的力
像萬有引力　把宇宙萬物隱隱牽引著
需要是生命的依賴　發現不足而尋求滿足
相愛也是　用心滿足彼此的需要　是重力線的宇宙
每個質能的存在都彎曲著時空　影響著彼此

1. 剝是缺的製造　小畜是缺的消彌
   相需是缺的存在與消長過程（剝000001+小畜111011）
2. 比是心智相連的需要　泰是交換彼此的需要
   心用相連交換需要　也用交換相連彼此的需要
   需要是力也是態　是交換前的態與相吸相連結的力（比000010+
   泰111000）

3. 觀是用心發現這個世界　大畜是用記憶收納觀想
   相需是慾望的觀想與記憶　在觀想與記憶中無所不在的需要
   觀的如道士的致遠凌空　與大畜的如商人的至富天下　彼此相缺
   相需（觀000011+大畜111001）

4. 豫是最自由的發展　有一種優雅　夬是最強的爆發　有一種決斷
   兩種特質相需相慕（豫000100+夬111110）

5. 晉是用光開創時空　乾是抗逆
   需是用引力牽引質能　與晉卦相錯　時空的擴散與質能的相吸相
   抗逆
   而乾卦也是時空與質能的總合
   晉是眾知與獨明　是光明的命運　需是獨缺與黑洞　是質能的命
   運　兩者相抗（晉000101+乾111111）

6. 萃是晶瑩的美人　大壯是力拔山兮的霸王　彼此相愛
   萃的秩序晶格如金剛鑽　與大壯的剛猛如野獸　彼此相缺相需
   （萃000110+大壯111100）

7. 否是否定　大有是不缺　什麼都有
   大有的否定就是相需的大缺（否000111+大有111101）

8. 謙是以高就低　節是節約與節韻
   謙虛的心需要節約的自己
   節韻的心需要高低的交換
   謙卑的高低交換與節韻的斷續相間是相需的旋律與節奏（謙
   001000+節110010）

9. 艮是相安的山　中孚是相擁抱的心
   相需是既相安又相擁抱的愛
   隔絕的艮與中孚的擁抱是相需相缺的特質（艮001001+中孚

110011）

10. 愛的面貌萬千　蹇是阻斷與保護　臨是輕撫與近臨
　　愛是越過阻斷的近臨　包含堅強保護與溫柔輕撫
　　相需是越過蹇阻期待相接臨的力　也是接臨後發現無法越過的阻
　　隔　是蹇中之臨　也是臨中之蹇（蹇001010+臨110000）

11. 漸是演進　損是簡化
　　相愛是漸漸加溫的簡單專一
　　相需是漸演中最難割捨的損減　也是減損中最難的演化　漸中損
　　需　損中漸需（漸001011+損110001）

12. 小過是細節　兌是對談
　　相愛是對談的心糾纏無邊的細節
　　相需是小過中不再糾結的兌談　也是兌談中不再前進的糾結小過
　　中有相需的兌　相兌中有相需的小過（小過001100+兌110110）

13. 旅是行遠　履是獨行
　　相愛是多情旅遊中專情的選擇
　　相需是行旅中獨一的選擇　也是履道中探索的心　旅中履需　履
　　中旅需（旅001101+履110111）

14. 咸是感性　歸妹是歸一
　　相愛是最細微的感性中最決絕的歸屬
　　相需是微感中紛亂的歸一　也是歸遠途中多元的覺知　咸中歸需
　　歸中咸需（咸001110+歸妹110100）

15. 遯是退隱　睽是分別
　　相愛是最強對立時的退讓與認錯
　　相需是遯隱的分別與距離　也是分別後的幽暗不明　遯中睽需
　　睽中遯需（遯001111+睽110101）

16. 師是訓練　既濟是調和

為了滿足愛　要勇於痛苦的訓練與耐心的調和　為她犧牲　因她知足

相需是訓練兵將時調和的殘忍　也是調和後的紀律與服從　師中濟需　濟中師需（師010000+既濟101010）

17. 蒙是模糊　家人是組合完美

需要與缺乏是被蒙蔽中的完美

相愛要接受是非不明的完美

相需是蒙中組合的慾求　也是家人中模糊的本質　蒙中需家　家中需蒙（蒙010001+家人101011）

18. 坎是相錯　明夷是藏明

相需是隱藏的相坎　愛是隱藏的恨

相坎是隱藏的相需　恨是隱藏的愛

相愛要隱藏衝突與不滿

相需是坎中的隱藏的維度　也是藏明後可以超維的原點

坎中夷需　夷中坎需　相需是發現彼此隱藏的維度　慾望是對隱藏的維度作大力的探索（坎010010+明夷101000）

19. 渙是擴散　賁是美化

相愛要給她最大的時空與自由　要常講美麗的故事

相需是定形與擴散間的拉扯

相需是渙中的賁美　也是賁中的渙廣　渙中賁需　賁中渙需（渙010011+賁101001）

20. 解是解開　革是改變

相需是對解開的革命　是對圓滿的重組

相愛要原諒對方的錯　也輕快地改變自己

相需是解後對慾求的革變　也是革後對需求的解脫　解中革需

革中解需（解010100+革101110）

21. 未濟是不足　同人是化同

相需化同不足　相愛要認同對方的期待　也期待更好的明天

相需是不足中的認同　是認同中的缺乏與不足　未濟同需　同未

濟需（未濟010101+同人101111）

22. 困是圍困與界定　豐是放大

相需是放大時發現了界定　界定時發現了放大的需要

相愛要一起守困一起豐大

相需是受困後的豐大　是豐大後的界困　困中豐需　豐中困需

（困010110+豐101100）

23. 訟是相斥　離是相映

相需與相斥相映　有時遠離爭吵就是接近相愛（訟010111+離

101101）

24. 升是升華　屯是盤旋

升空的鳥與盤桓的蛇是不同的類　但彼此相慕

相愛是心的升華與身的盤旋（升011000+屯100010）

25. 蠱是比賽　益是加值

相需有時是賽場的對手　有時是幫忙的天使

相愛是一場加值的比賽　作彼此加值的對手

相需是蠱後的相益　也是益後的交蠱　蠱中益需　益中蠱需

製造慾求與服務幫忙是相交賽的兩方　需益相蠱（蠱011001+益

100011）

26. 井是通路　復是復原

相需是生命的相通有無　也是萬物相愛的原貌

相愛有時一起挖一口生財的井　有時一起耍廢一起放空

相需是井通後復原　也是復原後的相通　井中復需　復中井需

（井011010+復100000）

27. 巽是寬鬆　頤是相養的循環

相需是養生的日常　是柔軟的體操　虛誕的幻想

顛倒的心態　像孩子的天真　最後是環保的生命觀

相需是巽後得到頤養　也是頤中得到巽鬆　巽中頤需　頤中巽需

（巽011011+頤100001）

28. 恆是持久　隨是跟隨

相需要記得持恆地互相讚美與跟隨

相需是恆久後的跟隨　也是跟隨後的恆久　恆中隨需　隨中恆需

（恆011100+隨100110）

29. 鼎是創新　無妄是平常心

相愛要調理美味般　每天創新愛的內容

當意外發生時要守著平常心

相需是鼎高後的平常心　是無妄天意下的鼎新　鼎需無妄　無妄需鼎（鼎011101+無妄100111）

30. 大過是不凡　震是相震

相愛是一種不凡的共震

愛喜歡不凡　但更嚮往簡單平凡　是歌聲　更是創造金氏紀錄的共鳴

相需是大過中的震鳴　也是震盪中的大過　大過需震　震需大過

（大過011110+震100100）

31. 姤是遇合與共生　噬嗑是咀嚼與修錯

相愛從驚艷到共生　不忘咀嚼彼此每天的心事　直到滿心芳美

相需是逅後的修正　也是噬後的相合　逅中噬需　噬中逅需（逅
011111+噬100101）

59. 先積後變（小畜＝111011）

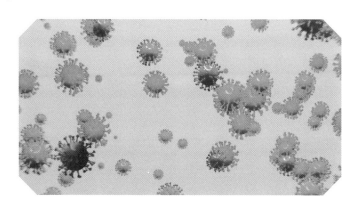

萬物的變化都是循著先積後變

像水滴積到大海　是量變

但是過程中會蒸發變水氣　是質變

水氣漸積變成雲　是量變

雲積則下起傾盆大雨　是質變　萬物的行為往往先積後變

這是小畜卦的能量

1. 剝是最小的剝損　也是最後的結局　需是最大的慾求　也是每天的缺需

   小剝積成大缺　缺需積成剝亡

   這是剝需之間的量變與質變（剝000001+需111010）

2. 大畜是積富　比是結盟與連比

   大畜的對比是小畜　而連比的人脈會累積成積富的人生

   大畜的集合會質變成統盟天下的實力（比000010+大畜111001）

3. 觀是最安靜的看法　泰是最熱絡的生意

   一個成功的看法來自一萬個賺錢的生意

   一萬個成功的看法累積一個賺錢的生意（觀000011+泰111000）

4. 豫是自由的移動　歡暢的誤差　乾是相抗逆

   水分子遨遊在天地　一下是雲　一下子海

   豫是另類的相變　與小畜卦相錯　乾逆是質變的豫動（豫000100+乾111111）

5. 晉是一切外相與知的總合　夬是突然啟動的轉變

   相變是外相的先積後變　轉念是知性的先積後變（晉000101+夬111110）

6. 萃是聚多而精　大有是納異而博

   精博之間存在積與變的過程（萃000110+大有111101）

7. 否是否定與拒絕　大壯是得理而進取

   否定與拒絕的關係會漸積　變成攻伐與取代的行動（否000111+大壯111100）

8. 累積謙虛的行動　會變成蒼生的信賴（謙001000+中孚110011）

9. 累積分隔的界線　會變成人文的禮節（艮001001+節110010）

10. 累積困難旁邊的生活　會變成最簡單的大道（蹇001010+損110001）

11. 累積最謹慎的前進　會變成登臨舞台的巨星

    累積最勤快的實踐　會變成最耀眼的演化（漸001011+臨110000）

12. 累積生活的細節　會變成決定命運的大道

    累積參數的系列　會變成人工智能的細節（小過001100+履110111）

13. 累積花心的遊旅　會找到最專情的知心
累積對談的進程　會變成心智的探索之旅（旅001101＋兌110110）

14. 累積最細微的感性　會變成最銳利的耳聰目明
咸是線性的參數　小畜是非線性的質變　咸與小畜相對立
累積睽分的覺知　可以形成感性的突變（咸001110＋睽110101）

15. 累積隱藏與退逃　會變成最完美的歸屬
累積歸妹的祝福　會創造隱藏自己的突變（遯001111＋歸妹110100）

16. 師是作戰的團隊　家人是生養的團隊
累積求勝的訓練　會變成同袍之義　是比家人更強的親情
累積家人的團隊　會變成作戰的雄師（師010000＋家人101011）

17. 累積一問一答　會變成有問有答的滿足
累積知足知止的胸懷　會變成可蒙可明的智慧（蒙010001＋既濟101010）

18. 坎是用交錯的線找出彼此的原點　賁是用描邊的線畫出最美的圖相
累積點線的交坎　會變成圖形的最美
累積定形的美　會找出交坎的原點（坎010010＋賁101001）

19. 渙是逍遙的風雲　明夷是深藏的火
祕密的累積變成逍遙的身心　雲淡風輕
渙散的累積　會變成真假相藏的情感（渙010011＋明夷101000）

20. 解是冰的溶解　是相變　和小畜的突變類同　同人是同質
而同質的累積還是同質　解開同質就是相變
萬解變一同　萬同變一解（解010100＋同人101111）

21. 未濟是不滿與待續　累積了不滿會變成革命的大火
一萬個未濟變一次的革命　一萬次的革新變出一個未濟格局（未濟010101+革101110）

22. 困是受界定的心　小畜是文思泉湧　離是相映
心的界定與文思泉湧相映
界定的累積會突變成映射的關係　離映的累積變成相困的界面
萬困變一離　萬離變一困（困010110+離101101）

23. 訟是矛盾的人格　豐是自大的我
自大的累積變成矛盾　矛盾的累積變成自大（訟010111+豐101100）

24. 升是由實升虛　益是以實加實
升是相變　益是量變　所以兩卦加成就是小畜　萬益變一升　萬升始於一益（升011000+益100011）

25. 蠱是賭桌上的對局　屯是繞著操場跑
不同的比賽　一樣的盤旋纏繞
比賽過程是分數的累積　結局是勝負的相變
萬蠱得一屯　萬屯得一蠱（蠱011001+屯100010）

26. 頤是一口飯　也是一個地球　井是一口井　也是一技之長
一口井可以養一村的人　一個地球可以養百億人
地球是無數井的累積
一口飯可以養一餐　一口井可養一輩子
一技之長是無數頤的累積　萬頤得一井　萬井得一頤（井011010+頤100001）

27. 巽是最鬆軟的身體　最寬容的心　復是最會還原與歸零的特質
累積靠巽鬆　相變靠還原　萬巽得一復　萬復得一巽（巽

011011+復100000）

28. 恆是數學的常數　無妄是數學的亂數

　　累積一樣是常數　相變是亂數

　　而人生的無常很自然　自然是有常

　　所以恆與無妄間存在小畜的關係　萬恆得一無妄　萬妄得一恆

　　（恆011100+無妄100111）

29. 鼎是創新與調理文明　隨是抄襲與跟隨信仰

　　所有的創新都來自文明的抄襲

　　所有的抄襲都累積了信仰的調理　萬鼎得一隨　萬隨得一鼎（鼎011101+隨100110）

30. 大過是極端值　噬嗑是刑錯

　　大過累積引發噬嗑的修錯　修錯累積引發天怒人怨的大過

　　不凡來自萬般修正　萬種大過修持一噬心（大過011110+噬100101）

31. 逅是遇合與馴化　震是震驚與共韻

　　遇合的累積變成共韻　震驚的累積變成溫馴

　　共韻的累積變成共生　愛恨也是　相震的波包含了相變與共生

　　萬逅而韻生　萬震而逅生（逅011111+震100100）

60. 氣正力壯（大壯=111100）

文天祥的正氣歌感人肺腑　正氣是心中的大有理
也是天地間的小容易
是志氣高大　也是舉手之勞
是氣蓋山河的霸王　也是為長者折枝的我　用壯可以力取
可以得理　但更高階的用壯是用易用智

1. 剝是剝壞　大有是容異
   大壯的缺點是歧視弱小　所以與容納異己的大有互剝（剝
   000001+大有111101）

2. 比是連比　夬是啟動

　　力壯則行動快捷　氣正則萬邦順從

　　比取連結　夬取速精　壯取易得　能速連得其壯（比000010+夬111110）

3. 觀是靜觀　乾是抗逆

　　壯者進取剛猛　而靜觀者不動如山　兩卦動靜相抗逆

　　能動能靜　能攻能守　是乾龍般的心氣　觀與大壯陰陽相錯（觀000011+乾111111）

4. 豫是悠閒輕鬆的散步　泰是最大的交換買賣

　　大壯是用最輕鬆的行動得到最多的交換

　　壯與泰的差別在豫動　攻伐與生意的差別在一念間　強弱之差也在一念間

　　大壯的實力要結合自由的心與交換的格局（豫000100+泰111000）

5. 晉是最明亮的明天　大畜是最富有的過去

　　大壯是用過去的大富攻取明天的理想　也是把今日的智慧變成歷史的寶藏（晉000101+大畜111001）

6. 萃是聚集整理　需是慾求不足

　　能聚集蒼生的需求　並整理他們的愛需　自然氣正力壯（萃000110+需111010）

7. 小畜是靈感與突變　否是否定的心

　　可以否定積變的日常　用靈感突破逆境　自然是大壯（否000111+小畜111011）

8. 大壯的力大與氣足有很多面相

　　有時是謙虛的彎腰接足地氣　有時是心痛的割捨看重未來（謙

001000+歸妹110100）

9. 艮是相安於隔絕　睽是分辨區別
大壯與相安隔絕相對相分別
大壯也是明辨是非的正氣與不擾別人的正義（艮001001+睽
110101）

10. 蹇是保護河　兌是相談
大壯的用強阻擋了相談交心
正大的壯有時是盡心保護弱小誓作眾生的保護河　有時是公正談
判誠信不欺（蹇001010+兌110110）

11. 漸是演化　履是擇安全的路
大壯的氣正來自演化　從每天擇履的小心演化到一生的氣壯山
河大壯有時是溫柔勸進　有時是走化險為夷的路（漸001011+履
110111）

12. 小過是活在細節的每天　臨是登台表演的一生
大壯是心最用力的擲遠　是每天細心處事不忘君臨天下的壯志
（小過001100+臨110000）

13. 旅是行遠　損是簡化
大壯是計劃最遠的探險　不忘簡化貪心的行囊（旅001101+損
110001）

14. 咸是感性　節是分節
大壯是用最敏銳的感性　遵守節韻的規矩去征服生命的樂章（咸
001110+節110010）

15. 遯是退隱　中孚是同心擁抱
當心中懷著更高遠的信仰　大壯的方向不一定往前
韓信的大壯是退讓　是忍受胯下之辱　然後擁抱一個征服天下的

兵法（遯001111+中孚110011）

16. 師是訓練　豐是放大
大壯不用整天攻伐　只需維持軍容壯大　是平時血汗的訓練與放大的軍威（師010000+豐101100）

17. 蒙是模糊　離是相映
大壯是對善惡是非不明的攻伐　也是用心繁衍身邊的美好（蒙010001+離101101）

18. 坎是交錯　革是改變
大壯是面對困難時輕巧的變化　也是隨時用超維的思考改變自己（坎010010+革101110）

19. 渙是擴散　同人是化同
大壯是病毒的擴散與傳播　所以與渙化同　化同也是一種攻伐　是統合的戰火無邊地擴散（渙010011+同人101111）

20. 解是解開　明夷是藏明
大壯的心善於諒解　更善於埋藏苦痛
當時機恰當　更勇於解開神秘征服天下（解010100+明夷101000）

21. 未濟是守戒　賁是美化
修道者的大壯是持戒　用缺乏當作人生最美的到達（未濟010101+賁101001）

22. 困是用困　既濟是調和知足
周文王的大壯是圓滿人生的困境
當他被拘禁在羑里的牢中　生死未卜之境　也能圓滿演譯易經的六十四卦（困010110+既濟101010）

23. 訟是相訟　家人是相惜的組合

把相訟的仇人當家人　在矛盾中尋思眞理　化相訟爲相惜　更是心氣的大壯（訟010111+家人101011）

24. 震是有仇必報　是氣韻　升是升華　也是往生到冥境
把報仇的心升華是大壯
而升之旅中心存美妙的氣韻　也是人神共鳴的大壯（升011000+震100100）

25. 蠱是賽局　噬嗑是修錯
在人生的賽局中　戰鬥取勝是小壯
戰鬥中不忘修身行善是大壯（蠱011001+噬100101）

26. 井是相通的泉井　隨是心的相隨
用與神相隨的信心對廣通天地的善　是大壯（井011010+隨100110）

27. 巽是寬與柔　無妄是天意
無妄的大壯把無常的天變成有常的人間
巽的大壯把不能容忍的命運變成可以接受的日常
最寬柔的胸懷有一顆最無畏的心　是大壯（巽011011+無妄100111）

28. 恆是最久遠的時間　復是最初的本心
大壯是可輕易穿梭恆久時空與復原最初本心的智慧（恆011100+復100000）

29. 鼎是最高的文明　頤是最環保的生態觀
大壯是兼顧文明與環保的行動（鼎011101+頤100001）

30. 大過是不凡與超越　屯是盤旋
大過不是大壯　大壯是不自私而能耐心盤旋的不凡（大過011110+屯100010）

31. 逅是共生與遇合　益是互利

　　而最終的大壯是與善良共生　活出互利的人生

　　是與天使天天的互訪（逅011111+益100011）

61. 多元異化 （大有=111101）

心智的發展先認同　後異化
心智成長的方向朝多元與異化
一如宇宙基本粒子的種類與天體
從單一的大爆發開始　也往品類繁多的方向
易經說　天佑大有　神喜歡多元異化　都是大有卦的能量

1. 剝是剝亡　大壯是單一的強壯　大有是多元的美麗
   當恐龍剝亡後　地球的物種開始多元發展（剝000001+大壯
   111100）
2. 心比用類比去連結類同相關的事物　乾是相抗逆
   比的類同與大有的化異相錯相抗逆（比010000+乾111111）
3. 觀想世界是個多元宇宙　隨時有新的爆發（觀000011+夬

111110）

4. 大畜是積富　像記憶體的全記錄　豫是誤差與意外事件
事實與偏差的記憶間都存在大有的世界
誤差的累積也就是大有（豫000100+大畜111001）

5. 晉是唯一的太陽　泰是不斷的交換
唯一與不斷交換間存在多元大有（晉000101+泰111000）

6. 萃是聚多　小畜是突變
物種的多樣來自聚多的突變（萃000110+小畜111011）

7. 生命的相需是一個大有世界　否逆的環境也是
生命在需要與不需要之間　否逆與強弱之間　更創造了大有的變
異（否000111+需111010）

8. 謙是以眾生為主人　睽是歧視別人　兩者之間存在最大的異化
謙是眾生公平　大有是天生不同　謙與大有存在對立的關係（謙
001000+睽110101）

9. 艮是安分守己過一生　歸妹是準備割捨親人嫁去遠方　兩者大異
彼此（艮001001+歸妹110100）

10. 蹇是無法前進的險　履是跛了腿也要向前的道
兩者大異　兩者可以編織大有的故事（蹇001010+履110111）

11. 漸是放慢的轉進　兌是不停的對談
兩者創造了多元的話題（漸001011+兌110110）

12. 精小的世界也藏著大有　用減法美化的世界也是
細節與去細節的簡化之間充滿大有（小過001100+損110001）

13. 旅遠與臨近兩者大異　用旅求遠與用臨求近可以製造大有的感動
（旅001101+臨110000）

14. 咸的敏感與中孚的誠信相異

用咸的人性與中孚的神性交疊　可以創造心與靈之間的大有（咸 001110+中孚110011）

15. 退逃隱藏的方法很多元　用節分段與連結的方法很多樣

    退隱與分節可以創造大有若隱若現的節韻（遯001111+節 110010）

16. 師是治軍的化一　離是相映的二

    化一與化異是相映的兩個世界（師010000+離101101）

17. 蒙的模糊製造暗的大有　豐的放大製造明的大有

    既蒙又豐的世界可製造明暗的大有（蒙010001+豐101100）

18. 坎是多維的矩陣　大有是多元的世界

    所以多維化同多元　化同與化異是心的交坎（坎010010+同人 101111）

19. 渙是水的渙散潰堤　革是火的聚焦除異

    兩者相異並創造水火成災的大有（渙010011+革101110）

20. 解是脫去束縛　賁是穿上美服

    脫與穿的行動類比畫與擦的美術

    解與賁可以創造大有的美麗（解010100+賁101001）

21. 未濟是尚未發生的未來　明夷是尚未出土的過去

    兩者大異且創造大有（未濟010101+明夷101000）

22. 困是流水聚成冰封的世界　家人是明火組合最美的團隊

    困是最小的界定　家人是化學的組合　兩者大異且創造大有（困 010110+家人101011）

23. 訟是相爭不和　既濟是調和滿意

    兩者相異且創造大有（訟010111+既濟101010）

24. 升是一條河蒸發變成一朵雲　噬嗑是一塊肉消化變成胺基酸

兩者大異且創造大有（升011000+噬100101）

25. 蠱是擂台上生死相搏的對手　震是舞台上有說有笑的雙簧

兩者大異且創造大有

蠱淘汰別人　大有接納眾人　蠱與大有存在相震的關係（蠱011001+震100100）

26. 井的大有是解世人的渴　無妄的大有是眾生命運的無常

兩者大異且創造大有

大有的多元與無妄的難測彼此相通（井011010+無妄100111）

27. 巽的大有是風中的柳枝鬆柔多姿　隨的大有是緊密跟隨的倫理秩序

兩者大異且創造大有　狂想的風與相隨的順序創造了大有的世界（巽011011+隨100110）

28. 恆是累積最長的時間　頤是有正有反的循環

恆久不是大有　正反循環也不是大有

但兩者存在大異　因為時間不能來回循環

恆是時間的最長　頤是圓轉的最大　最久與最大提供了大有的環境（恆011100+頤100001）

29. 鼎是創新營高　復是還原回低　兩者大異且營造高與低的大有（鼎011101+復100000）

30. 大過是唯我獨尊的獨夫　益是見人就幫的天使　兩者大異且創造大有

大過的不凡加值了大有的精采　大有的多元加值了大過的廣度（大過011110+益100011）

31. 姤是慧星撞地球　是毀滅的事件

屯是安定的天體　是生命的盤旋

兩者大異且創造了有生有死的大有

逅是牙縫中共生的細菌　屯是擁舞的日月　兩者大異且創造了宇宙的大有（逅011111＋屯100010）

62. 啟動爆發（夬=111110）

　　宇宙開始於一個大爆炸
　　用最快的速度創造時空與萬物
　　所以夬卦是啟動爆發　　是最快的開啟
　　用一秒去作一億年的事　　也是用一剎那去啟動永恆
　　都是夬卦的能量

1.剝是結局　乾是抗逆　夬是啟始
　　剝與夬兩卦相錯　而乾是沒有開始與結局的原生天　開啟與結束

相抗逆（剝000001+乾111111）

2. 比是連比天下　大壯是氣壯山河

　　夬的啟動爆發力是無中生有的最快

　　是以一啟動一萬的設計

　　用一個連比的口號可以啟動一萬個大壯的呼應

　　用一個大壯的實力可以啟動一萬個連比結盟

　　一萬的一萬是一億　夬是由一而一億的啟動爆發（比000010+大
　　壯111100）

3. 一種觀想啟動一萬種大有的狂想

　　而每種大有的求異心也啟動一萬種觀想（觀000011+大有
　　111101）

4. 豫是無中生有的快樂　需是無中生有的需求

　　一種豫樂生萬種需愛　一種需求生萬種快樂（豫000100+需
　　111010）

5. 晉是理想與巨星　小畜是突變與靈感

　　一個巨星激發萬種靈感　一種靈感激發萬種理想（晉000101+小
　　畜111011）

6. 萃是心思的密集結晶　泰是熱絡的交換與生意

　　一種萃聚的心開發萬種順泰的生意

　　一種順泰的生意開發萬種萃聚的人們（萃000110+泰111000）

7. 否是否定與絕滅　大畜是累積與大富

　　一否亡開發了萬種大畜的生機　這是恐龍滅絕後的世界

　　一大畜也開發了萬種否滅的後果　這是人類興盛後的世界（否
　　000111+大畜111001）

8. 謙是以高求眾　兌是對等的相談

一謙心啟發了萬種相兌的熱誠　一兌談也啟發了萬種謙懷（謙001000+兌110110）

9. 艮是各安性命的隔絕　履是各擇前程的命運
一艮絕開啟了萬種履道　一履道開啟了萬種艮絕（艮001001+履110111）

10. 蹇是阻渡的大河　歸妹是迎歸未來
一蹇阻開啟了萬種歸心　一歸妹開啟了萬種蹇阻（蹇001010+歸妹110100）

11. 漸是最慢的演化　睽是最聰明的分別
漸慢與快決是最明顯的分別
一漸進開啟了萬種分睽　一睽分開啟了萬種漸進（漸001011+睽110101）

12. 小過是最小的超過　節是分段後的連結點
一小過開啟萬種細節　一節點開啟了萬種微調與通過（小過001100+節110010）

13. 旅是身心的行遠　中孚是天地同心
一旅開啟萬種中孚　天地與我同心又同旅也
一中孚開啟萬種旅　信神之旅也（旅001101+中孚110011）

14. 咸是感性感動　臨是接近實踐
一咸開啟萬種臨近　感覺的觸發開啟身心的到達
一臨開啟萬種感動　身心的到臨開啟無數感動（咸001110+臨110000）

15. 遯是退讓與收割　損是簡化
一遯開啟萬種損　退讓簡化了萬種障礙
一損開啟萬種遯　簡化的心讓人收割豐富（遯001111+損

110001）

16. 師是訓練作戰　革是變革除舊

一師開啟萬種革變　作戰的心開啟萬種人生的變革

一革開啟萬種師　時代變革開啟萬種訓練（師010000＋革101110）

17. 蒙是是非不明　同人是同異不分

一蒙開啟萬種同人　心不求甚解可啟萬種認同

一同人開啟萬種蒙　一種同理心可以開啟萬種你我不分（蒙010001＋同人101111）

18. 坎是多維思考　豐是自我放大

一坎開啟萬種光的放大　多維的思考放大了自我的世界

一豐開啟萬種坎　理性自我放大開啟了萬維的坎錯（坎010010＋豐101100）

19. 渙是擴散與稀釋　離是相映與複製

一渙開啟萬種離　一次的瘟疫擴散開啟萬種病毒的複製

一離開啟萬種渙散　一種複製開啟了萬種擴散（渙010011＋離101101）

20. 一解開啟萬種既濟　一次的諒解開啟萬種的滿足

一既濟開啟萬種解　一種調和心開啟萬種解法（解010100＋既濟101010）

21. 一未濟開啟萬種家人　一種缺點開啟萬種完美的思維

一家人開啟萬種未濟　一種完美的要求開啟萬種不足（未濟010101＋家人101011）

22. 一困開啟萬種明夷　一種自困心開啟萬種無知之境

一明夷開啟萬種困　一種守秘欺騙開啟萬種困境（困010110＋明

夷101000）

23. 一訟開啟萬種賁　一種矛盾衝突開啟萬種賁美創作

一賁開啟萬種訟　一種賁美心開啟萬種矛盾（訟010111+賁101001）

24. 一升開啟萬種跟隨　一次的升華開啟萬種跟隨之道

一隨開啟萬種升　一種相隨心開啟萬種靈升之道（升011000+隨100110）

25. 一蠱開啟萬種無妄　一種賽局開啟萬種無常的可能

一無妄開啟萬種蠱　一種平常心開啟萬種無畏的賽局（蠱011001+無妄100111）

26. 一井開啟萬種震　一種通路開啟萬種共鳴

一震開啟萬種井　一種共頻之波開啟萬種井通之路（井011010+震100100）

27. 一巽開啟萬種噬嗑　一種寬鬆開啟萬種修錯的需要

一噬開啟萬種巽　一種以錯修錯開創了萬種紛亂（巽011011+噬100101）

28. 一恆開啟萬種屯　一種守恆開啟萬種盤旋的天體

一屯開啟萬種恆　一種盤旋的動靜開啟了萬物的恆常（恆011100+屯100010）

29. 一鼎開啟萬種益　一種鼎新的事業開啟萬種幫助的人才

一益開啟萬種鼎　一種幫忙合作開啟萬種鼎新文明（鼎011101+益100011）

30. 一大過開啟萬種復　一次的天災人禍開啟萬種修復

一復開啟萬種大過　一種還原心開啟萬種不凡心（大過011110+復100000）

31. 一逅開啟萬種頤　一種相逅之緣開啟萬種頤養生態

　　一頤開啟萬逅　一個大生態開啟萬種共生機緣（逅011111＋頤100001）

63. 相錯與抗逆 （乾=111111）

萬物存在相錯抗逆的關係

水與火相錯抗逆　或說相生相剋

天與地也是　天剛地柔　天逆地順　天尊地卑

雷與風也是　雷下擊地　風由地而升　雷進取而風退讓

雷疾而風鬆

山與澤也是　山靜高而澤沉低　山遠而澤近　山得界而澤捨末

乾卦是純陽之卦　是抗天的意志　也是不服輸的人性

是如龍的大能力　是超人般的聖哲

乾卦與坤卦相錯　坤卦是如馬的溫順　是大地般的慈母

是無盡的時空

相錯的兩卦相碰撞後都變成乾卦　彼此相錯而抗逆　如詩如畫

1. 剝是結局與剝壞　夬是啟動與開創　兩卦相錯也相生
   剝盡就是開創　開創就是剝盡（剝000001+夬111110=乾111111）

2. 比卦以一連萬　大有卦以一生萬
   比卦是大一統的結盟　大有是百花齊放的容異
   比以一陽統五陰　大有以一陰納五陽（比000010+大有111101）

3. 觀是遠觀遙想　大壯是進攻力取
   兩者相錯　卻可融合為一　壯闊之觀　可吞星河
   以觀代壯　百家爭鳴　不用刀槍　而以理辯道　如詩如畫（觀000011+大壯111100）

4. 豫是順動　是流體力學　是統計學的誤差　是歡樂的心
   小畜是積小量變　是質變　突變　是靈感　是概率學
   兩卦相融合　是流體力學中的概率學　是非線性的統計學
   是講不完的笑話集　是如詩如畫的靈感（豫000100+小畜111011）

5. 晉是知與無知的對比　是唯一的太陽　是巨星與眾生關係
   需是酒食之需　是慾求　是無所不在的吸引力　是愛與被愛
   兩卦合一　是巨星與眾生的相需　是巨星的七情六慾
   有名與無名的相慕　也是酒食中米奇林　是相愛的轟轟烈烈（晉000101+需111010）

6. 萃是聚集與結晶化　大畜是記錄與無所不在的雲端世界
   兩卦合一　把最大的記憶納入最小的晶格中
   是台積電的奈米世界（萃000110+大畜111001）

7. 否是否定與絕境　泰是順泰與生意旺盛
   兩卦合一　是否極泰來　是大通泰否的靈通（否000111+泰

111000）

8. 謙是求低求均的公平心　履是求安的擇路心

兩卦合一　是以眾生之道爲王道　爲眾生的坦坦大道而汲汲營營

（謙001000＋履110111）

9. 艮是隔絕不交　兌是誠實交談

兩卦合一　是與萬物交談　與先聖或未來交談

也是交談後的各安天命（艮001001＋兌110110）

10. 蹇是保護的河　也是共患難的河民　睽是愛分別的對立心

兩卦合一　是把會氾濫的河築起高高的堤防　把會乾涸的河建起蓄水的壩

也是把受歧視的人們找到庇護（蹇001010＋睽110101）

11. 漸是最慢的演化　歸妹是最痛的割捨與大歸未來

兩卦合一　是長期計劃妹妹出嫁這件大事　融合慢進與決心的態度

也是把長遠的決心化成每天的功課（漸001011＋歸妹110100）

12. 小過是人生最小的一步　事情的細節　中孚是人生最長的信仰　最默契的同心

兩卦合一　是用最細心溫柔去敬奉神的信仰

也是把神的教誨放進每件小事的細節中（小過001100＋中孚110011）

13. 旅是遠行　是用心看美麗的世界　節是縮小時空與困難　用分節來簡化生活

兩卦合一　是把最長的旅程分成美麗有轉折的情節

也是用分節的四季來渡過一生　用節奏的心演奏生命之曲（旅001101＋節110010）

14. 咸是最微細的感官能力　損是減法的人生　簡化的哲學觀
　　兩卦合一　是五蘊皆空的修道　也是在簡化中感受最美的到達
　　（咸001110+損110001）

15. 遯是退後與豐收　臨是接近與登台
　　兩卦合一　是卽早作退休的實踐　卽早豐收的成果　也是登臨常
　　人看不見的王位（遯001111+臨110000）

16. 師是作戰與訓練　同人是化同天地萬物
　　兩卦合一　卽早訓練作戰的團隊爲天下大同盡心力
　　也是在天地萬物間學習無所不在的兵法（師010000+同人
　　101111）

17. 蒙是扭曲是非　是無窮的問答　革是變形的天地　隨時改變的心
　　意
　　兩卦合一　是個魔術家　把生活變成日新又新的是非問答與輕快
　　的無中生有（蒙010001+革101110）

18. 坎是多維交錯的人生　離是複製與相映的生生不息
　　兩卦合一　是數學的從單點變向量變矩陣
　　也是在矛盾的十字路口學習生生不息的生意
　　在充滿抄襲複製的世界尋找衝突的原點（坎010010+離101101）

19. 渙是擴散　豐是放大
　　兩卦合一　作一支放大光明的燈塔　同時擴散關懷到最遠的國度
　　稀釋苦痛的同時　放大彼此的善意　作一個可散可大文思泉湧的
　　詩人（渙010011+豐101100）

20. 解是分解中的世界　家人是組合中的美麗
　　兩卦合一　是可解可組的化學世界　是可解決各種需求又格局完
　　美的設計

是團隊組織的有機演變（解010100＋家人101011）

21. 未濟是未知與不足　既濟是已知與滿足

兩卦合一　是用有形的守缺持戒修無形的知足無求

用調和的已知收納無窮的未知（未濟010101＋既濟101010）

22. 困是受困的身心　賁是得到邊框的美麗

兩卦合一　是將受困的身心畫成美麗的畫與寫成美麗的故事

是用返璞歸真的美困住自己追求俗美的心（困010110＋賁101001）

23. 訟是矛盾相爭　明夷是真假相藏

兩卦合一　是用矛盾的反證找出隱藏的真理

用善意的隱藏代替無謂的爭訟（訟010111＋明夷101000）

24. 升是升華與往高求虛　無妄是平常心與無畏前進

兩卦合一　是用來世的因果修今生的無畏無怨

用無常的命運修習神佛之道（升011000＋無妄100111）

25. 蠱是挑戰與賽局　隨是跟隨與讚美

兩卦合一　是在挑戰中尋找跟隨的心

在讚美中提升戰鬥力（蠱011001＋隨100110）

26. 井是通路　是分享　噬嗑是修錯　是消化

兩卦合一　是用打通蒙蔽來看清與用細嚼是非來取真

是醫生兩種診斷疾病的功夫

也是網路世界的建立平台與防毒的兩項成果（井011010＋噬100101）

27. 巽是最寬鬆與容量　震是最持久的共振

兩卦合一　是通訊世界最大的頻寬　也是波韻世界的百家爭鳴

（巽011011＋震100100）

28. 恆是持恆的常態　益是幫助的加法

　　兩卦合一是　長長久久的幫助一件事　也是給人更多的時間空間

　　讓他更幸福（恆011100+益100011）

29. 鼎是創新與建高　屯是盤旋的天體萬物

　　兩卦合一是　用創新的心走盤旋的人生　用盤旋的持恆建造更高

　　的文明（鼎011101+屯100010）

30. 大過是最大的超過與極端　頤是最大的圓與生命鏈

　　兩卦合一是　兼顧生態的保護與人類的發展　是從能量輪迴的環

　　保觀跳出　變成智能突破的宇宙觀（大過011110+頤100001）

31. 姤是緣遇與共生　復是還原與歸零

　　兩卦合一是　緣生復滅與緣滅復生的循環　是毀滅與再生　碰撞

　　與歸零的交纏

　　是與天使相遇時找回初心（姤011111+復100000）

國家圖書館出版品預行編目資料

可以群運算的易經：當牛頓遇到周公／趙世晃
著. --初版.--臺中市：白象文化事業有限公司，
2023.9
　　面；　公分.
ISBN 978-626-364-096-2（平裝）
1.CST: 易經　2.CST: 研究考訂
121.17　　　　　　　　　　112011818

可以群運算的易經：當牛頓遇到周公

作　　者　趙世晃
校　　對　趙世晃
　　　　　本書圖片引用自Unsplash網站，趙世晃提供
發 行 人　張輝潭
出版發行　白象文化事業有限公司
　　　　　412台中市大里區科技路1號8樓之2（台中軟體園區）
　　　　　出版專線：（04）2496-5995　　傳真：（04）2496-9901
　　　　　401台中市東區和平街228巷44號（經銷部）
　　　　　購書專線：（04）2220-8589　　傳真：（04）2220-8505
專案主編　陳逸儒
出版編印　林榮威、陳逸儒、黃麗穎、水邊、陳媁婷、李婕
設計創意　張禮南、何佳諠
經紀企劃　張輝潭、徐錦淳
經銷推廣　李莉吟、莊博亞、劉育姍、林政泓
行銷宣傳　黃姿虹、沈若瑜
營運管理　林金郎、曾千熏
印　　刷　基盛印刷工場
初版一刷　2023年9月
定　　價　400元